居民收入与国民经济协调增长：
理论与实证

欧阳煌 著

Coordinative Growth of Resident Income and National Economy:
a Theoretical and Practical Perspective

经济科学出版社
Economic Science Press

序

在当前的中国，无论从哪个方面看，收入分配都在最值得关注、最需要研究、最应当迫切解决的关键问题之列。也正因为如此，至少近十几年来，举凡党和政府的重要文献，都会有专门的篇幅论及收入分配问题。

然而，现实中的收入分配差距，并非如我们期望的那样逐步缩小，反而被日渐拉大。这其中的缘由，固然同经济社会转轨时期的特殊国情有关，同我们尚不完全熟悉市场经济机制的运作机理有关，但深入一层看，更为重要的原因，可能还在于我们尚未建构起一套新的、适应市场经济的调控机制和渠道。机制尚缺，渠道不畅，在收入分配差距一天天被拉大的挑战面前，政府或是束手无策，或是鲜有作为，这或许正是当前中国收入分配问题的重要症结所在。所以，收入分配领域的当务之急，就是政府要重新获得并拥有一套有助于调节收入分配的机制和渠道。

这显然并非易事。它不仅需要深入而细致的实践分析，而且需要完整而系统的理论研究；它不仅牵涉到居民收入分配层面的诸多因素，而且牵涉到国民收入分配以及国民经济运行层面的总体布局。也就是说，只有将收入分配问题置于理论与实践相结合、国民经济与居民收入相联系的广阔背景下，才有可能破译"国富"与"民富"齐头并进的密码，求得收入分配矛盾的缓解和解决。并且，以此为基础，实现更高含金量、更有人情味、更广认同度、更具科学性的经济社会发展。

也许正是基于如此的认识和判断，我结识多年的好友湖南省财政厅欧阳煌同志选择了《居民收入与国民经济协调增长：理论与实证》这一论题，深入研究，在国民经济增长和居民收入分配这两个领域游刃，吐纳古人和今人的智慧，聚焦历史和未来的叠影，提出一揽子解决方案，并付梓成书。

我有幸在第一时间通读全书，确有一种耳目一新的感受。在这本书中，确有许多颇具闪光点的分析和判断。

其一，立意新。它系统地分析了居民收入与国民经济协调增长的基本内涵和实现机制。以此为线索，书中所研究和阐述的内容，既比较切合我国经济发展方式的转变，也比较符合湖南省实现富民强省的客观要求，具有较强的现实针对性。

其二，理论新。它结合新古典和新剑桥经济学派的基本思想，从要素投入贡献以及宏观经济均衡两个不同理论视角，分析了居民收入与国民经济增长之间的内在逻辑关系。在此基础上，测算了居民收入与国民经济协调增长的理论合理区间，理论基础扎实而新颖。

其三，方法新。它运用计量经济学的基本方法，对所能采集到的最新统计数据做了比较充分的实证研究和检验，进一步拓展了居民收入增长理论研究的思路和视野。这对收入分配的理论研究及其相关的收入分配制度设计具有重要的学术价值。

其四，措施新。它所提出的湖南省居民收入与国民经济协调增长的实现机制，即"分三步走"的总体思路，对当前和今后一定时期制定湖南省居民收入分配的规划、战略、对策和政策，对推进居民收入倍增计划以及其他相关的实际工作，都具有重要的参考价值。

是为序。

2011 年 12 月 10 日于北京

目　录

第1章

导 论

长期以来，贫困、不平等与经济增长是世界各国经济社会发展中相互依存、共生共长的三个重要问题，也是国内外专家学者致力研究的永恒主题。本书采取理论和实证相结合的方法，分析居民收入与国民经济协调增长的相关问题，既是对现有收入分配与经济增长理论的有益补充，也是对当前我国国情下解决收入分配问题的努力探索。

1.1 问题的提出

从世界范围来看，全球财富正以前所未有的速度快速增长，然而贫困问题仍然是困扰全球的突出问题。世界银行曾以2005年购买力平价为标准重新评估世界人口贫困状况，结果表明：以1.25美元贫困线衡量，全世界有14亿人口生活在赤贫状态，占世界人口的25.2%，其中亚太地区贫困人口为9.03亿人，占世界贫困人口的2/3。同时，非收入方面的不平等程度日益增强，不平等维度（经济、政治和社会不平等）日益增多（世界银行，2006、2008）。这些维度之间的相互关联和代际传递使得贫困人群长期处于社会的底层，陷入了生产和发展的"恶性循环"。显然，这种排他性的经济增长阻滞了发展成果向弱势群体的传导，造成了社会矛盾的激增，并将最终危及经济的长期增长。亚当·斯密在其《国富论》中就指出，当社会的一大部分成员生活于贫困和悲惨之中时，这个社会肯定不会繁荣和幸福。

从各国发展实践来看，持续的经济增长是战胜贫困最基本和最重要的力量来源。然而，经济增长只能是贫困减少的必要条件，而非充分条件。经济增长的减贫成效在很大程度上还取决于一国或者地区初始的不平等程度及其变化情况（Balisacan and Nobuhiko，2003；胡兵等，2007）。此外，不平等程度过高将会给整体经济增长和减贫效果带来损害，使贫困人群陷入持续贫困的恶性循环。从我国的现实情况来看，20 世纪 90 年代我国人均 GDP 增长率创造了历史性的最高纪录，然而减贫的成就却相对有限，其重要原因就在于经济增长质量的下降、收入分配不公平以及贫困人口获取收入机会的减少（胡鞍钢等，2004）。在此大背景下，亚洲开发银行通过深入研究，于 2007 年率先提出了"包容性增长"的增长模式和理念。此后，该理念逐步为亚洲几个发展中大国所接受，印度将其写入了第十一个"五年规划"，胡锦涛总书记在第五届亚太经合组织部长级会议上首次提出，要深化交流合作，实现包容性增长。

对于发展中国家而言，要缩小发展差距、实现赶超发展也需要解决收入分配问题。中国的快速赶超和迅速崛起创造了"中国奇迹"，被世界银行认为是 20 世纪 90 年代世界最大的经济发展，也得到了国际学术界的广泛关注。然而，我国经济也面临着诸多的挑战和不足，诸如企业自主创新能力低下、经济发展软环境差、收入分配不公、贫富差距扩大、技术进步贡献率低、生态环境破坏严重、拉动经济增长的"三驾马车"失衡等。各种迹象表明，我国只有合理地解决了这些问题，才能够保持经济的持续稳定增长，实现民族的伟大复兴。在所有这些问题中，收入分配问题无疑是其中最突出、最迫切的问题之一，这体现了大国经济赶超过程中民众对共享发展成果、实现财富分配公平的渴望和需求。

从我国的现实情况看，一方面，居民收入增长滞后，收入分配不公的问题引起了全社会的广泛关注，也成为近年来全国"两会"的热议话题。此外，促进居民收入增长已经写入了我国"十二五"规划纲要，凸显出收入分配问题的重要性。另一方面，随着经济增长方式由投资驱动向消费驱动转变，客观上要求提高居民收入。种种迹象表明，传统的以投资为导向的经济增长方式在我国已经难以为继，在其导致投资需求膨胀、出口恶性竞争、不断遭遇国际壁垒的同时，全体国民的整体福利并没有得到显著的提升。在过去较长时期，出口导向和扩大投资成为中国经济增长的两大引擎，而消费需求一直保持着不温不火的角色。如何有效扩大消费规模，已成为实现经济发展方式转变中亟待攻克的难题。世界银行专家 Kujis（2006）的研究表明，导致中国消费长期低迷的主要原因，并不是人们所认为的居民储蓄增加的结果，而是劳动收入份额及居民收入占比逐年降低、消费能力不断下降的结果，我国学者汪同三（2007）也持类似的观点。

从国内研究的进展情况看，涉及经济增长与收入分配领域的研究很多，但是把二者相结合进行的研究则相对较少；从研究方法看，定性分析较多，定量研究较少，特别是对当今我国经济发展过程中居民收入分配领域存在的问题，理论界仍然缺乏一个统一的分析框架。因此，本书试图从居民收入分配的基本内涵入手，理论与实证相结合，建立居民收入与国民经济协调增长的分析框架，并借鉴国际成功经验，研究提出居民收入与国民经济协调增长的实现机制，包括总量协调机制、结构协调机制、群体协调机制、区域协调机制等。

1.2 研究意义

收入分配问题是一个世界性问题。如上所述，无论是发达国家还是发展中国家都不同程度地存在收入分配问题。改革开放以来，我国经济在快速增长的过程中，居民收入增长缓慢和收入分配不公的问题也日渐突出，在一定程度上影响了经济的可持续增长和社会和谐稳定。如何在"十二五"时期制定出台有针对性的政策措施，缓解我国城乡、区域、行业和社会成员之间收入差距扩大趋势，实现居民收入与国民经济的协调增长，已经成为理论和实践上亟待解决的重大问题。

从理论意义来看，对稀缺资源的有效配置，进而最大可能地增进人类的福利，是经济活动的最终目标，也是经济理论研究的核心内容。要达到这个目标，一方面要综合利用各种资源，促进经济增长，提高社会产出；另一方面则要将增长的成果公平分配，增加社会福利，实现居民收入分配与经济协调增长。我国经济增长过程中收入分配领域产生的种种问题，既具有世界经济增长过程中收入分配问题的共性，也具有我国国情引致的个性。因此，探索居民收入增长与国民经济增长之间相互协调的机理是对传统收入分配理论的有益补充，具有一定的理论创新意义。

从实践意义来看，一方面，我国拥有全世界20%的人口，在过去的近1/4个世纪中，我国在减少贫困方面取得了长足进展。

但是由于贫困人口基数大，在世界贫困人口总量中我国仍占有第二大份额，仅次于印度（万广华等，2006）。研究和解决我国收入分配的问题，对于缩小贫富差距，提高低收入群体收入水平，减少我国贫困人口总量，推进世界减贫进程具有重大的实践意义。另一方面，改革开放以来，我国收入分配制度改革和调整取得积极成效。但是，居民收入在国民收入分配中的比重下降、国民收入过度向政府倾斜、收入再分配调节力度不够等问题依然存在。收入分配领域中存在的这些问题，对经济和社会发展正在产生越来越明显的不利影响。因此，研究如何在经济高速增长的同时使居民收入能够协调增长，对于我国经济社会可持续发展具有十分重大的现实意义。

1.3 文献综述

收入分配问题一直是经济学研究的核心问题之一，也是主要经济学者研究的重点问题之一。从逻辑的角度来看，关于收入分配的研究包括两个方面，这两个方面共同构成了收入分配的两个维度，即功能性收入分配与规模性收入分配。其中，功能性收入分配是指国民收入在生产要素间的分配，属于分配的初始状态。从古典经济学开始，经济学界开始关注收入分配份额的决定及变化，分析不同生产要素参与生产分工所需要获得的要素收入份额大小，这一领域的研究被学术界称之为功能性收入分配。主要学派包括马克思主义政治经济学、古典经济学、新古典经济学和新剑桥学派等。以亚当·斯密、大卫·李嘉图和约翰·穆勒等为代表人物的古典经济学家，把收入分配问题视为经济理论的核心部分，进行了详尽的讨论；马克思的剩余价值论、无产阶级贫困化理论阐述了资本主义收入分配的内涵；新古典经济学家克拉克、马歇尔等继承了古典经济学家从生产要素角度研究分配规律的传统，发展了已经成为经济学教科书基本组成部分的生产要素分配理论；第二次世界大战后，以英国经济学家罗宾逊、卡尔多和斯拉法为代表的新剑桥学派提出了与新古典综合派相对立的观点，试图重新恢复李嘉图的传统，建立一个以客观价值理论为基础、以分配理论为中心的理论体系。

规模性收入分配是经过初次分配、再分配以及政府转移支付以后，以个体和家庭为单位的收入差距状况，用以衡量收入分配不平衡状况的最终状态。在 20 世纪 50 年代，功能性收入分配被学术界认定为"典型化事实"，收入分配研究的重心转向个人收入分配理论，即从国民收入在工资利润间的分配转向用基尼系数描述个体之间收入分配的不平等。这一领域的研究被学术界称之为规模性收入分配。代表性研究成果包括库兹涅茨的"倒 U 形假说"和刘易斯的二元经济模型等（见图 1 –1）。

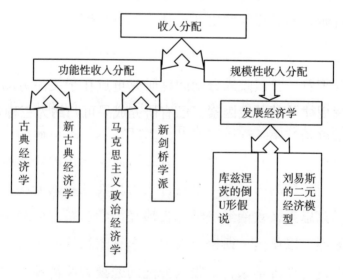

图 1 –1　收入分配理论研究的发展脉络

本书对收入分配相关的文献梳理即遵循以上脉络展开，以期从前人的研究中系统地整理出关于收入分配研究的理论基础，以为关于居民收入增长与国民经济协调增长的研究提供科学的视角。

1.3.1　功能性收入分配问题研究

卡尔多认为，要素收入分配比重保持不变被认为是一个"典型化事实"（Kaldor，1956）。此观点在相当长时间内被新古典经济学家们认同，导致要素收入分配份额问题在 20 世纪 70 年代和 80 年代的研究中一直乏人问津。20 世纪 80 年代末以来，一些国家要素收入分配比重的变化引起经济学家们的兴趣，他们开始重新关注劳动份额。

1.3.1.1　国外关于功能性收入分配问题的研究

如前所述，功能收入分配探讨的是各种生产要素与其收入所得的关系，是从收入来源的角度研究收入分配问题，关注的是资本、劳动、土地、技术、管理等生产要素的相对收入份额。从最新的研究来看，要素收入分配问题研究重点在于关注劳动收入份额的演变规律及其决定因素。已有研究成果可归纳为三种观点：

第一种观点认为，劳动收入所占份额是变化的，但是趋势不确定。Blanchard（1997）利用 OECD 企业部门数据计算劳动收入份额时发现，该值至少在中期内不是一个常数。他发现西班牙、意大利、法国和德国等四个欧洲大陆国家从 20 世纪 80 年代开始，资本收入在 GDP 中的份额一直处于增长的趋势，而英国、美国和加拿大的盎格鲁—萨克森地区，资本收入份额并无明显变化趋势。Diwan（2000）运用 135 个国家 1975～1995 年的数据进行实证分析发现，在发达国家，资本深化有利于劳动份额的提高，而在欠发达国家，这一结论恰好相反。她认为在发达国家，资本存量的提高有利于提高劳动者的讨价还价能力，而在欠发达国家，由于资本存量不足，往往倾向于用价廉的劳动报酬去吸引更多的资本流入，以完成资本的初始积累，加快工业化进程。Bentolila & Saint-Paul（2003）利用 14 个 OECD 国家的面板数据计算了从 1973 年到 1993 年的劳动份额，发现各国的劳动收入比重变化各不相同，并不存在劳动份额趋同的趋势，例如芬兰、瑞典等国家的劳动份额约为 72%，而法国、德国和意大利则约为 62%。

　　第二种观点认为，劳动收入所占份额是降低的。Hofman（2001）发现自 1950 年到 20 世纪 90 年代末的 50 年间，8 个拉丁美洲国家的劳动份额呈下降趋势。Shastri & Murthy（2005）研究发现印度工业中工资性收入占国民收入的比例在 1973～1997 年间下降了 19 个百分点，并指出这是在向发达国家的赶超过程中，产业技术变迁和低工资产业比重增加共同作用的结果。根据 Jau-motte & Tytell（2007）的研究，过去的 20 年，大部分发达国家国民收入中劳动收入比重是下降的，并认为全球化、技术进步和劳动力市场的政策性变化是劳动收入份额下降的主要原因。Kyyrä & Maliranta（2008）则发现，虽然劳动收入分配比重在微观水平上表现相当稳定，但是许多欧洲国家的劳动收入分配比重在宏观水平是下降的。

　　第三种观点则认为，劳动收入所占份额是不变的。根据索洛的观点，劳动收入占比的稳定性表现在两个方面：一是本身的稳定性，即绝对稳定性；二是与产业相比，劳动收入总量的占比波动幅度更小，即相对稳定性（Solow，1958）。Kongsamut 等（2001）指出稳定的劳动收入占比并不排斥产业结构不断变化以及不同产业间劳动收入占比存在差异的事实。他们发现，随着经济的发展，农业、工业以及服务业的就业与劳动收入占比分别呈现出减少、不变和增加的态势，其结果是劳动收入水平总体占比保持稳定。Gollin（2002）在考虑个体经济劳动报酬的划归问题后，认为劳动收入份额在跨国样本中不存在显著差异，其区间在65%~80%范围内。Young（2006）经分析测算后认为，美国在经济结构和技术进步快速变迁的情况下，劳动收入份额自大萧条以来一直稳定在75%~80%左右。

1.3.1.2 国内关于功能性收入分配问题的研究

我国收入分配的不平等在很大程度上表现为功能性收入分配的不平等，即劳动力要素报酬占国民收入的比例越来越小。近年来，由于我国居民收入增长速度滞后于经济增长速度已成为基本事实，更多的学者注重从要素报酬份额占比角度分析劳动报酬问题，并取得了一系列研究成果。

关于要素收入分配比重变化的趋势，国内学术界的共识是，改革开放以来，居民收入占比的变化经历了由升到降的过程。但是，由于核算方法和统计口径的差别，不同的学者对于居民收入占比滞后的程度有不同的看法。具体来说，居民收入占比的变化可分为两个阶段。

在第一阶段，大致从改革开放以后到1998年，居民收入占比呈上升趋势。李扬（1992）首次计算了新中国成立后到1990年间的劳动收入比重，发现改革开放前劳动收入比重被抑制在较低的水平，而改革开放后劳动收入比重逐渐提高，并认为劳动者报酬份额的提高只是改革前过度压低初级产品和生产要素价格的正常回归，是收入分配制度与商品经济发展相适应的结果。刘扬（2002）也认为，改革开放以来以居民收入比重较快增长为特征的主体格局的变化，更多地属于"自然生长"的结果，由市场调节决定，而不是人为"倾斜"造成的。国家计委综合司课题组（1999）以资金流量表为依据对 1992～1998 年我国宏观分配的总体格局进行测算发现，在宏观收入分配中，居民所得比例经历了一个先降后升的过程，但总体上趋于稳定，企业所得比重有所减少，政府所得比重略有上升。

第二个阶段，从 1999 年一直延续至今，居民收入占比开始一路走低。常兴华等（2009）经研究测算得出，20 世纪 90 年代以来，在我国国民收入初次分配格局中，企业所得增长较快，政府所得次之，居民所得增长较慢；再分配格局中，由于各种制度外收入和土地出让收入的快速增加使政府所得份额上升明显，企业在再分配格局中居于弱势地位，居民劳动报酬份额不断下降且会在较长时间内延续。蔡昉（2005）指出，20 世纪 90 年代后期以来，劳动者报酬在我国国内生产总值中的比重有所下降，资本收入份额逐年上升，势必导致收入分配不均，并呼吁通过扩大就业来扭转这一趋势。武小欣（2007）从历年收入法 GDP 结构、资金流量表中可支配收入结构以及各部门收入增长速度等角度进行分析，均发现近年来居民收入比重在国民收入分配体系中呈现下降趋势。张车伟等（2010）按照国际通用的方法，对劳动报酬数据进行了调整，结果发现，我国劳动份额经历了 1978～1998 年的略微上升，1999～2007 年又略微下降的过程，但总体上保持着长期的相对稳定性，初次收入分配格局似乎陷入了一种低水平稳定状态。李稻葵等（2009）发现初次分配中劳动份额的变化趋势呈现"U"形规律，即劳动份额先下降后上升，转折点约在人均 GDP 6000 美元左右（2000 年购买力平价），他们从宏观角度考察了劳动收入占比与经济发展阶段之间的关系，认为我国尚处在这一曲线的下行区间上。

在对现状有了深刻的认识以后，很多学者认识到，要素收入分配的失调，将对我国经济社会发展产生很多不良的影响。罗长远等（2009）认为，要素间收入差距提高会显著恶化人际收入分配格局，这意味着，在过去十多年间，中国人际收入差距拉大可能与要素收入分配失衡有关。刘煜辉（2007）认为，我国"高储蓄、高投资"矛盾的实质是收入分配问题，当前消费率下降的根本原因是国民收入分配体系中，政府财政收入和国有企业收入的比重不断上升，而居民收入的比重不断下降。卓勇良（2007）指出，劳动所得比重较低、资本所得比重较高的状况，决定了我国以投资和出口推动为主的增长模式。在当前的增长模式下，城乡居民只享用了我国约 1/3 的产出，我国事实上出现了为增长而增长的问题。更严重的是，大量的出口商品和投资品增长是以低成本损耗国内资源环境为代价的，严重影响了可持续发展。张杰和刘志彪（2008）认为，收入分配结构所决定的需求因素是影响微观企业乃至一国自主创新能力形成与发展的关键所在。我国宏观国家层面与微观企业层面自主创新发展能力的滞后，是当前偏向于资本而非劳动者的收入分配结构所造成的需求规模与需求结构"扭曲"所导致。魏文彪（2010）则明确指出，劳动报酬占 GDP 比重偏低乃至连年下降，第一，不能充分体现劳动者劳动价值，不利其生活水平逐步得到提高；第二，还会进一步拉大业已较大的社会贫富差距，影响社会和谐稳定；第三，令广大劳动者难以充分享受到改革与发展的成果，同时也是社会公平未能得到充分彰显的体现。

1.3.2　规模性收入分配问题研究

20 世纪 50 年代，收入分配研究的重心转向个人收入分配理

论，即从国民收入在工资利润间的分配转向用基尼系数描述个人
之间收入分配的不平等及其决定因素，代表性的人物和成果包括：
Atkinson（1970、1975）；Champernowne（1973）；Sen（1973）；
Tinbergen（1975）。这一视角的转变主要是因为三个方面的原因：
其一，由于要素收入分配成为了"典型化事实"，因而缺乏继续深
入研究的意义；其二，拥有资本的人不断增加，以至于工人和雇
主的界限没那么明显；其三，个人收入数据的可获得性为后者的
研究提供了可能。

1.3.2.1 国外关于规模性收入分配问题的研究

美国经济学家西蒙·库兹涅茨是第一个研究经济增长过程中
收入分配长期变动趋势的经济学家，并在这一领域作出了开创性
的贡献。1955 年，库兹涅茨提出了经济发展与收入差距变化关系
的"倒 U 形"曲线假说，即"库兹涅茨曲线"（Kuznets curve）。

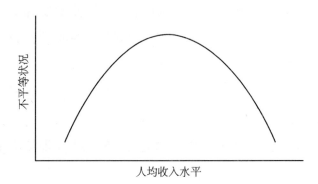

图 1-2　库兹涅兹曲线

关于经济增长与收入分配的关系，库兹涅茨提出了所谓的
"倒 U 假说"。他首次论述了如下一种观点，即随着经济发展而
来的"创造"与"破坏"改变着社会和经济结构，并影响着收
入分配状况。库兹涅茨利用各国的资料进行比较研究，得出了在

经济未充分发展的阶段，收入分配将随同经济发展而趋于不平等的结论；其后，经历收入分配暂时无大变化的时期，到达经济充分发展的阶段，收入分配将趋于平等。

美国经济学家阿瑟·刘易斯在1954年发表了题为《劳动力无限供给条件下的经济发展》一文，提出了他的二元经济结构理论。该模型以劳动和资本两类生产要素的供求关系来解释经济发展中的要素收入分配关系。模型有三个基本假设：一是发展中国家经济中存在两个部门，一个是劳动生产率极低从而收入水平也很低的传统农业经济部门，另一个是劳动生产率高而且工资水平也相对高的现代工业经济部门。现代部门通过从传统部门吸收劳动力而得以发展。二是在现行工资水平下，对现代部门的劳动力供给超过这个部门的劳动力需求。换言之，在传统农业部门，劳动的边际生产力为零，相对于资源而言，劳动处于大量过剩或无限供给状态。这些剩余劳动转移到现代部门，不会引起农业产出的变化。三是在提供同等质量和同等数量的劳动力条件下，非熟练劳动在现代部门比在传统部门得到更多的工资。传统农业部门的劳动收入比较固定，仅供维持基本生活，这就决定了现代工业部门工资的下限。工业部门的工资是由传统农业部门的仅能维持基本生存的工资水平乘以一个百分比得到的。

此后，大量经验性研究围绕这两大理论展开了讨论，并得到了不同的结果。最新的研究成果主要从两个方面对收入差距进行了研究：（1）收入差距的影响因素；（2）收入差距与经济增长之间的相互关系。

一是在收入差距的影响因素研究上，大多数专家学者认为受教育的平均水平是影响不平等的主要因素之一。因为，大量技术工人的提供将减少技术的额外费用而最终减少劳动收入分配的不平衡（Li，Squire and Zou，1998）。受教育水平影响不平等还有第二个原因，在教育的回报给定的条件下，受教育年限分布得越平均，不平等程度越低。教育的增加并不会同比例地增加所有企业的技术，从而最终会导致受教育水平出现不平等。经验研究的结论表明，平均受教育程度越高的国家有越低的基尼系数（Thomas, Wang and Fan, 2000；Checchi, 2004；Checchi and García - Peñalosa, 2004）。然而，Thomas, Wang & Fan（2000）也指出，对于低水平教育来说，如果我们用标准偏离来衡量的话，高的平均水平与更大的发散是联系在一起的，并且这可能抵消一部分相对工资减少对收入不平等带来的影响。

开放度被认为是导致要素收入不平等的主要影响因素之一（Wood, 1995、1997）。根据俄林德理论，贸易将改变要素的价格，增加各个国家丰富要素的报酬。这一效果将通过增加非技术工人的工资减少穷困国家的不平等，更大的开放度将导致对技术和物质资本的高回报而增加富裕国家的不平等程度。因此，开放度对一国的不平等的影响取决于一国要素禀赋。一些研究认为开放度对于不平等有积极的作用，并且对贫困国家的效果更明显（Barro, 2000；Ravallion, 2001；Lundberg and Squire, 2003；Milanovic, 1994）；也有一些经验性的研究认为开放对不平等没有影响或者影响不显著（Li et al, 1998；Higgins & williamson, 1999；Dollart and Kray, 2002）。

民主程度也是影响收入不平等的重要因素之一，它与收入不平等呈负相关关系（Li et al, 1998；Lundberg and Squire, 2003）。一些衡量共和或者民主的变量选取的依据就是，认为这些变量通过影响民主从而允许少数的高收入群体制定影响收入分配的公共政策，从而增加他们的收入份额。极端的情况是，少数人通过掠夺别人的财产成为他们自身的禀赋或者通过影响要素分配方式，增加他们的收入，当然，这种情况并不是常见的。Rodrik

（1999）通过对民主国家的经验研究发现，高的工资率给他们带来了高的劳动份额，从而证明了这种影响机制的存在。由民主带来的劳动份额的提高表明，民主对劳动份额的影响能够被这些替代变量说明。

二是在收入差距与经济增长的研究上，主要集中在对两者之间相互关系的研究。在经济增长影响收入差距的相关研究中，最具有代表性的研究是库兹涅茨的"倒 U 假说"和刘易斯的二元经济模型。之后，另外两位美籍发展经济学家费景汉和拉尼斯对二元经济模型进行了补充和扩展，更为清晰地阐明了工业部门和农业部门发展之间的关系；乔根森沿用刘易斯发展中国家二元经济模型，创建了新的模型。与此同时，其他发展经济学大师针对发展中国家的实际国情提出了诸多创新性的理论，如托达罗的人口流动模型（又名"三部门模型"，因为模型中包括农业部门、城市正规部门和城市非正规部门三个部门）、来宾斯坦的"临界最小努力"理论、纳尔逊的"低水平陷阱理论"等。此后，大量的学者通过理论或者实证分析证明了这一规律的存在（Pauke-rt，1973；Chenery and Syrquin，1975；Ahluwalia，1976），此外也有一些学者质疑了这一观点（Fei，Ranis and Kuo，1979；Fields and Jakubson，1994；Deininger and Squire，1998；Xavier，2005）。

其中，Paukert（1973）通过对 56 个国家的数据进行实证分析，得出了显著支持库兹涅兹"倒 U 假说"的结论；Chenery & Syrquin（1975）通过收集一些国家从 1950~1970 的数据进行实证分析以及 Ahluwalia（1976）对收入分配和贫困的实证研究，都支持了库兹涅兹的结论。

但是 Fei，Ranis & Kuo（1979）通过对我国台湾地区的数据进行经验分析却否认了库兹涅兹假说的存在。我国台湾地区在从 20 世纪 50 年代到 70 年代的发展过程中，经济增长与收入差距缩小是同时进行的。Fields & Jakubson（1994）通过对 35 个国家的经验数据进行实证分析也认为库兹涅兹的"倒 U 假说"是缺乏实证支持的。Deininger & Squire（1998）通过对 49 个国家和地区的经验数据分析，发现大多数国家和地区的经济增长与收入不平等没有显著的关系，只有 5 个国家和地区的数据分析支持库兹涅兹的"倒 U 假说"，此外还有 4 个国家的数据支持"正 U 假说"。同样针对发展中国家经济增长和收入分配关系的研究，Xavier（2005）发现，以我国为代表的东亚和以印度为代表的南亚，其经济增长使得低收入人口迅速减少；阿拉伯世界的经济增长使得收入分配状况有一些改进；拉美国家经济增长过程中的收入分配情况停滞不前或者维持原状；而以尼日利亚为代表的非洲的经济增长对于改善居民生活却并没有显著的效果。

由于有关研究者对库兹涅兹假说提出了质疑（Anand and Kanbour，1993）。一些学者提出了库兹涅兹假说的弱版本，或者是修正的库兹涅兹假说：前面提到的推动力会被其他因素抵消或者削弱，并且一些学者提出了可能的影响机制，包括人口的平均年龄、地区或者部门间劳动力流动的程度以及社会流动性的大小，这些因素都会增加资本的平均收入。

在收入差距影响经济增长的相关研究中，消极的观点认为，收入差距通过信贷约束降低物质资本和人力资本投资（Galor and Zeira，1993；Fishman and Simhon，2002），促使人们支持增加税收促进再分配（Alesina and Rodrik，1994；Persson and Tabellini，1994；Bénabou，1996），导致社会和政治动荡从而降低效率（Benhabib & Rustichini，1996）以及降低全社会受教育的程度（De la Croix & Doepke，2004），最终影响经济增长。积极的观点则认为收入差距不平衡的加剧可能对经济增长有利（Forbes，2000）。总的来说，大多数文献都认为收入差距不平衡的加剧将降低物质资本和人力资本的积累从而影响经济增长，这一观点同时也得到了很多经验实证的支持（Alesina and Rodrik，1994；Perssonand Tabellini，1994）。

1.3.2.2　国内关于规模性收入分配问题的研究

规模收入分配关注的是不同阶层的人口或家庭得到的相对收入份额，意在说明不同社会群体之间收入分配的格局及其变化趋势。改革开放以来，我国居民收入分配格局经历了很大的变化，不同群体、行业、所有制企业及地区的收入差距不断扩大。当前，我国正处于经济转型的关键时期，收入差距的扩大会对我国的经济社会产生负面影响。因此，理论界关于规模性收入分配的研究主要集中在寻找造成居民收入差距过大的因素以及探讨收入差距与经济增长的关系等方面。

一是在收入差距的影响因素研究上，绝大多数专家学者认为城乡二元结构是我国城乡收入差距的根源（蔡昉和杨涛，2000；陆铭和陈钊，2004；喻晓东，2006；尹恒等，2002）。

其中，蔡昉、杨涛（2000）考察了改革开放前后城乡收入差距的程度与根源，认为改革开放之前政府实施的重工业优先发展战略，是拉开城乡收入差距的根源。改革开放以后，城市形成的既得利益集团的阻力和传统二元经济模式遗留下来的制度障碍是造成城乡收入差距进一步拉大的重要原因。陆铭、陈钊（2004）则认为改革开放以后的城市化对缩小城乡收入差距有显著的作用，但是地区间人口户籍转换、经济开放、非国有化和政府对经济活动的参与则拉大了收入差距。而根据喻晓东（2006）的研究，城市偏向性的经济政策和制度安排直接导致了城乡教育机会的不平等，最终导致城乡差距的拉大。邹少甫等（2010）通过使用门槛面板模型对我国1993～2007年城市化进程中城乡收入差距问题进行了分析，结果表明，城市化水平对城乡收入差距具有显著的门槛效应。当城市化水平低于0.456时，城市化对收入差距的作用并不显著，而一旦超过这个水平，城市化的提高会显著地缩小城乡收入差距。同时，贺建风和刘建平（2010）基于VAR模型的实证分析得出，城市化和对外开放是造成城乡收入差距扩大的主要原因，两者对城乡收入差距均产生明显的正向拉动效应，但随着时间的推移，相应的拉动效应呈逐渐减弱的趋势。尹恒等（2002）则认为当前的信息化革命具有强力依托人力资本的特点，因此，受教育程度是影响居民收入差距的重要因素。王艺明和蔡翔（2010）基于我国东、中、西部三大地区的省级面板数据，实证考察财政支出结构对城乡收入差距的影响。结果表明，政府财政支出结构对城乡收入差距有显著影响，并且不同财政支出项目的影响方向不同。

在收入差距演变规律的分析上，国内学者也做了大量的分析。比如，徐现祥等（2004、2005）、周卫峰（2005）、许冰（2006）和何江等（2006）以省区为分析单元，采用非参数估计的核密度函数估计我国1978年以来的收入分布情况。

二是收入差距与经济增长的研究。当前，我国外向型经济发展模式受到了极大的挑战，如何促进内需特别是消费需求的增长成了关注的热点，而收入分配是制约消费规模的一个重要因素（罗长远和张军，2009；欧阳煌，2010）。因此，大量的理论研究与经验研究针对这一问题展开了深入和广泛的分析。

在经济增长与收入差距相互关系问题的研究上，国内学者做了大量深入的工作。研究的结论大多不支持库兹涅兹的"倒U假说"。李实等（1999）通过对我国不同省份的农村收入分组数据进行处理和分析，发现我国农村经济的发展是不支持这一假说的。杨俊、张宗益（2003）也认为，只有人力资本积累才是缩小居民收入差距的根本因素，经济发展本身并不是决定收入分配变动的主要因素。而黄泰岩（2001）则认为，从数据上来看，我国居民收入差距的长期变动虽然也表现为"倒 U 曲线"，但是我国居民收入差距的变动是与经济体制改革紧密相关的，居民收入变化只受到制度这一关键因素的影响。权衡（2002）、颜鹏飞和唐铁昂（2002）、冯子标（2004）等都认为我国改革开放过程中经济增长的实际驱动可能与制度、技术、FDI 等相关，不能直接与收入差距建立必然的联系。

1.4　研究评述及本书创新

通过对已有研究成果进行归类和整理，可以发现，关于经济增长与收入分配关系的学术探讨，经历了一个非常漫长而又复杂的发展过程，并且迄今为止也尚未形成一个公认的架构。实际上，收入分配与经济增长的关系从古典政治经济学家开始就引起经济学界的广泛关注，经济学家们重点研究的主题包括：经济增长的收入分配效应、收入分配的经济增长效应、收入分配与经济增长的内在因果关系、收入分配与经济增长的现实冲突等。毫无疑问，古今中外的经济学家们围绕收入分配与经济增长的关系所进行的大量理论分析及实证研究对于指导经济发展实践、丰富经济学理论研究起到了重要的历史性推动作用。然而，不可否认的是，随着外部环境的变化，某些研究成果的结论需重新进行检验，某些存在缺陷的研究方法需进一步得到修正，实证对象也亟待在更大范围得到拓展。总体来看，传统的"经济增长—收入分配"分析框架有以下几个方面可进一步加以完善。

一是需更加重视对功能性收入分配的研究。自 20 世纪 70 ～

80 年代以来，世界范围内尤其是转型国家出现的大规模的收入分配不平等现象引起了人们的高度关注，此时专家学者对经济增长与收入分配的研究更多地考虑收入的规模分配方面而非功能分配。然而，当前我国功能性收入分配的不平等的问题较为突出，随着经济的发展，工资性收入占国民收入的比例越来越小。反思当代收入分配的理论和实践，由于缺乏对功能性收入分配的研究，从而在实践中出台的相关政策措施也就不多，进而导致在经济增长的同时，个体之间的收入差距不仅没有缩小，反而日益扩大。因此，对于功能性收入分配方面的研究，亟须建立一个逻辑的、全面的分析框架，以系统地分析功能性收入分配的内涵、影响因素、协调比例、政策措施等。这既是收入分配理论发展的需要，也是解决我国居民收入滞后于经济增长这一实践难题的需要。

二是需更加重视对经济增长与收入分配双向互动关系的研究。经济增长和收入分配作为经济发展过程中的两个重要目标，是推动经济社会可持续发展的重要基石，它们不仅应该相互衔接，而且更应该有机结合。实际上，无论从理论分析还是实践发展来看，研究经济增长问题不可能离开收入分配本身，而对收入分配的研究也必须从分析经济增长入手。然而，以往大部分研究片面地将经济增长与收入分配视为一种单向的决定与被决定关系，而忽视了二者"双向决定"的互动关系。事实上，对收入分配与经济增长之间究竟是一种怎样的互动决定关系，理论界迄今为止尚未给出一个令人十分满意的解释，相应地也就难以针对存在的问题提出有效的政策思路。因此，有必要根据现实的经济条件和环境变化并运用科学的思维方式与研究方法，深入探讨收入分配与经济增长之间的良性互动关系及其相关运作机制。

三是需更加重视动态分析与实证研究。现有分析框架多侧重于静态分析，有关如何建立居民收入与国民经济协调增长的动态调整机制方面的研究成果尚不丰富。此外，现有研究大多倾向于探寻一种适合一切国家和地区的"普适性"规律，而较少结合特定的制度基础、文化传统、经济条件和社会架构对某一特定区域做深入的实证研究。以库兹涅茨"倒U曲线"为例，该理论曾被当做描述人均收入水平与分配公平程度的一般趋势规律，广泛用于解释一切经济条件下收入分配与经济增长的关系。一些学者在缺乏深入细致的实证分析的情况下，把库兹涅茨曲线当做一个普遍规律来推论我国经济增长中的收入分配变化规律，这显然不是一种严谨的理论推导。从某种程度上说，经济增长与收入分配之间的关系既有部分共性规律，也有区域性的个性特征。如果以实证方法具体研究某一特定区域在特定背景下的收入分配关系，其研究结论就更具针对性和指导意义。

四是需更加重视调控措施和手段的研究。实现居民收入与经济协调增长是一个宏大的研究课题，跨越城市和农村、市场和政府、效率和公平等多个领域，贯穿从生产、流通、消费的整个链条，涉及多个阶层、多种关联的利益群体。构建居民收入与经济增长同步关联机制，不仅要从理论层面厘清二者的内在逻辑关联，更需要研究切合实际的、可操作的调控措施和手段。为此，有必要深入基层实际调研，在实证研究的基础上，结合不同区域的特征和财力实际，研究提出居民收入与国民经济协调增长的总体目标、具体的调控措施和控制指标，如工资增长率、最低工资水平、社会保障水平、公务员与事业单位从业人员津补贴水平、城乡公共服务均等化水平等，以此保证居民收入与国民经济协调增长这个抽象的理论命题在实践中有切实可行的抓手，并具备动态调整的功能。

本书系统分析了决定居民收入增长的宏观和微观因素，阐述了居民收入与国民经济协调增长的互动机理；通过建立企业、银行和个人三部门的经济增长模型，从理论上分析了居民收入与国民经济协调增长的标准，并通过建立"要素贡献率—要素收入份额"的一体化实证分析框架，研究提出了劳动在我国收入分配体系中的合理份额。同时，以国际经验为借鉴，对我国居民收入与国民经济不协调增长的原因进行了深度剖析。在此基础上，以湖南省为例进行实证分析，提出为实现居民收入占 GDP 比重达到 53% ~59% 的总目标，应实施在近期"加快追赶"、在中期"收入倍增"、在远期"同步协调"的"三步走"战略构想。

创新是贯穿本书始终的，有两点理论创新值得提及。一个重要创新是，建立了居民收入与国民经济协调增长的统一理论分析框架。本书从新古典理论出发，建立了劳动力、资本与技术三要素理论模型，并从新剑桥学派视角出发，建立了企业、银行和居民三部门理论模型，通过演绎推导，两个模型得出的结论基本相同，在融合这两个流派理论的基础上，提出了一个居民收入与国民经济协调增长的统一理论框架。取自中国样本的实证研究表明，新古典理论和新剑桥学派理论的实证结果趋于一致，很好地印证了本书提出的统一理论框架是可行的。

本书的另一个重要创新是，系统地提出了如何运用严格的经济学逻辑范式来确定居民收入合理份额。本书以理想状态模型为基础，以我国实际数据为支撑，精确估计计量模型的参数，计算出理想状态下我国居民收入与国民经济增长的数量关系，同时，科学预判各经济变量的变化趋势，最终提出了我国居民收入合理份额的区间。通过严谨的经济学逻辑演绎来判定居民收入的合理份额是本书的首创，对我国学术界的研究也是一个重要的补充。

本书的创新还表现在其他诸多方面，如概念的界定、现状的分析、对策的提出，都有一些独到的地方。本书的理论创新是作者一个大胆尝试，希望对我国学界和业界能起到抛砖引玉的作用，以期在这一研究领域取得更大的成果。

1.5　主要内容与逻辑框架

本书的主要内容由理论基础、实证分析、现实考察和政策应对四大部分组成，具体分为七章。

第一章：主要说明了本书的研究背景和意义，梳理了国内外相关研究文献，清晰呈现本书的逻辑脉络。

第二章：在科学界定居民收入概念的基础上，系统分析决定居民收入增长的宏观和微观因素，深入剖析居民收入分配与国民经济增长之间的内在联系及互动机理。经济增长通过就业扩大、总供给增加、转移支付增长、公共服务能力提升四大效应影响收入分配状况和结构，而收入分配则通过消费需求、投资约束、社会稳定三项机制反作用于经济增长，对其总量、效率、持续性产生直接或间接的影响。

第三章：基于新古典理论和新剑桥学派的视角，将主要经济因素相互作用机制进行抽象和简化，分别构建了三要素模型和三部门模型，并根据模型演绎推导，对居民收入与国民经济协调增长的理论内涵进行深入探讨。

第四章：运用我国改革开放以来的经验数据，估计模型参数，科学预判经济走势，以此确定我国居民收入分配占比的最优区间。分析表明，居民收入与国民经济增长协调的标准区间即居民收入占 GDP 的比重应在 53%～59% 之间。

第五章：选取美国、日本、韩国等典型国家，比较国外促进居民收入与国民经济协调增长的现状、调节措施及经验，总结居民收入与国民经济协调增长的基本趋势和规律，为我国的改革提供经验借鉴和有益启示。

第六章：概述了我国居民收入和国民经济增长差距演变的总体态势、特征及现状，进而从居民收入增长滞后的根本症结、初次分配路径依赖、再分配调节缺位三个方面揭示我国现阶段居民收入与国民经济不协调增长的深层次原因。

第七章：以湖南省为案例，在先前理论和实证分析的基础上，立足湖南省省情及财力实际，提出构建居民收入与国民经济协调增长的关联机制，以及在近期"加快追赶"、在中期"收入倍增"、在远期"同步协调"的"三步走"战略构想。在妥善处理"增长"与"共享"、市场与政府、宏观与微观、"远"与"近"四大关系的基础上，实施居民收入倍增计划，建立收入稳定增长机制，以实现经济健康增长、社会均衡发展、人民和谐共享的良性循环和互动。

全书的结构框架如图1-3所示。

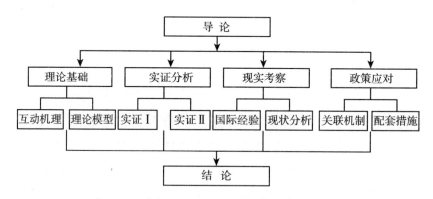

图1-3 全书结构框架图

全书的着力点侧重于以下四个方面：

一是发展理念和研究立意的更新。处在上升期和转型期的中国在创造经济高速增长"神话"的同时，集聚了财富积累和分配不均衡带来的潜在风险。领航经济社会发展的中国政府要应对挑战、创造机遇、减缓贫困、实现"大同"，就必须顺应从国富优先到民富优先、从做大蛋糕到分好蛋糕、从效率优先到均等服务的理念转变，重建包容、共生、互融的精神内核，学习博弈、协调、均衡的手段方式，达到更高含金量、更有人情味、更广认同度、更具持续性的发展共识。这是本书的研究初衷与缘起，也是贯穿全书的根本理念。

二是研究视野和研究框架的拓展。经济增长和收入分配，与效率和公平等概念一道，是经济学中永恒的主题和永恒的矛盾，不同的学术流派往往旨趣各异、观点纷呈。本书采取"鸟瞰"的视角，构建了一个从古典到现代、从静态到动态、从微观到宏观、从表象到根源的分析框架，系统追溯和回顾了居民收入和经济增长理论，并进行了多维度、多视角的梳理、评析和扬弃，构成本书研究的理论起点与基础。既体现了对居民收入与经济协调增长的全面考察和宏观体认，同时也对该领域的分歧与争议给予了审视和解读。

三是实证角度和逻辑方法的突破。本书遵循"理论模型假设—实证检验和案例分析—政策设计和制度安排"的严谨路线，运用我国改革开放以来的经验数据，借鉴国外典型经验，真实揭示了经济增长与收入分配的传导路径，合理确定了我国居民收入分配占比的最优区间，体现了从理论假设到计量分析的稳健性和科学性。同时考察了我国居民收入和经济增长的现状与格局，深入探析了造成这一带有"转型"烙印的扭曲性均衡格局的内在根源，为下一步的政策设计和模式选择奠定了现实基础。

四是区域性案例分析的针对性和验证性。本书将居民收入和经济协调增长分配问题置于具体化、省域化语境中进行考察，详细剖了湖南省居民收入和经济增长呈现"一升一降"、"两个不同步"、"三个不协调"的图景，映照出理论模型和实证分析中的逻辑对应，并基于此进行顶层化设计、精细化分析、针对性验证，结合湖南省情及财力实际，探索实现经济健康增长、社会均衡发展、人民和谐共享的可能轨迹，提出在近期"加快追赶"、在中期"收入倍增"、在远期"同步协调"的"三步走"战略构想，最重要的是着眼于宏、落足于微，制定了多维度、多层次、多区间的控制线和预警点体系，并据此构建了居民收入与经济增长的动态关联和调控机制。

第2章

居民收入与国民经济协调增长的互动机理研究

居民收入与国民经济增长的动因并不完全相同，但二者相互影响、相互制约，要实现协调增长，中间需要经历复杂的互动过程。因此，系统剖析居民收入分配与国民经济增长之间的内在联系及互动机理是开展理论与实证分析的基础。

2.1 国民经济增长动因

对于经济增长动因的分析，长期以来，一直存在着凯恩斯式增长和熊彼特式增长两种不同的视角。凯恩斯式增长强调刺激社会总需求，把扩大总需求作为推动经济发展的主要动力；熊彼特增长强调制度与技术的作用，把制度变革和技术进步作为经济发展的主要动因。本书综合两种不同的视角，结合产业结构变迁，将经济增长的动因概括为三驾马车、三大要素和三大产业。

2.1.1 三驾马车

"三驾马车"概念来源于国民经济核算，指社会总需求中投资、消费和净出口三大构成部分。所谓"三驾马车"拉动经济增长的分析，脱胎于凯恩斯主义的宏观分析模型，即总需求＝消费＋投资＋出口＋政府支出，总供给＝总需求。在短期内，通过"三驾马车"来扩大社会总需求，当经济中存在闲置的、没有充分利用的资源时，将会带动供给增加，使得社会总产出水平提高，从而推动国民经济增长。

在各国经济增长实践中，"三驾马车"对经济增长的贡献存在很大的差别，根据投资、消费和出口在经济中贡献不同，形成了不同的经济增长模式，也形成了不同的经济增长政策取向。在欧美各国中，消费在社会总需求中所占的比重较大，形成了消费驱动经济增长模式，比如美国，内需占 GDP 总量的比重达到90%，其中个人消费占比达到70%，因此，当美国经济出现衰退迹象时，首先采取的措施基本上都是减税，以增强居民消费能力；东亚国家积极发展外向型经济，出口在国民经济中地位比较重要，形成了出口驱动的经济增长模式，比较典型的代表是韩国，由于地理位置以及人口等因素，进出口贸易是其经济增长的主要驱动力，对经济增长的贡献率超过60%，因此，当出现国际经济危机时，韩国经济增长所受到的影响远比美、英等国家大。在我国，长期以来，投资在国民经济中占有十分重要的地位，形成了投资驱动的经济增长模式。各国经济增长动因与一国的历史、地理、社会、文化等要素密切相关，一旦形成就会具有很大的稳定性，短期内很难改变。

消费是国民经济增长的最终动因，经济活动只有建立在消费市场有效需求之上，才能在长期内真正实现有效扩大内需。消费对经济增长的驱动机制可以分为消费总量和消费结构两个方面。消费总量的传导机制可表述为：实际购买力扩大引起消费需求总量的增加，企业根据库存情况加大投资力度，通过乘数效应，推动国民经济增长。消费结构传导机制可表述为：消费层次提升引起消费结构变化，居民对于高层次消费品的支出增加，必然引起产业结构向深加工、高附加值方向发展，从而有效驱动经济增长。

投资对国民经济增长的拉动作用十分明显，主要表现在两个方面：一是投资总量对经济增长的拉动作用。增加一笔投资，能扩大社会就业，并通过投资乘数产生放大效应，带来数倍于投资额的国民收入增加。投资需求总量对经济的驱动作用十分明显，经济周期一般都伴随着投资剧烈波动。社会投资总量的增加，还可以有效提升社会生产能力，这一点将在下一节详细阐述。二是投资结构对经济的提升作用。国民经济增长不仅来源于资源投入量的增加，而且取决于投资的合理配置和优化组合。投资增加主要是增加了对投资品生产的需求，投资结构的提升将使生产投资品的重工业部门产业结构优化，重工业部门在经济中起着十分关键的作用，重工业提升将提高社会装备制造水平，进而大大促进全社会经济增长。

出口对国民经济增长的驱动机制较为复杂，通过多种途径对经济增长产生影响，一是出口的增加能有效扩大国内市场，提高国内生产水平，增加国内就业，带动经济增长；二是出口增加，可以将国际竞争引入到国内市场，促使企业提高技术，降低成本，提高社会生产效率，促进国民经济增长；三是出口增长使一国按比较优势原则，合理配置资源，大大提高生产专业化程度，从而提高劳动生产率，促进一国国民经济增长。

我国是典型的转型经济，改革开放后，开始有步骤地摒弃计划模式，逐步确立了社会主义市场经济体制。从当前我国转型经济特征来看，市场在我国经济运行中已经起着基础性的调节作用，但政府仍然掌握着巨大的经济资源，在经济中的调控作用仍然十分显著，政府主导经济发展的特征依然非常突出。我国政府会定期制定相应的发展规划，建设基础设施和重大项目，政府部门投资一直高居不下，带动整个社会投资，进而促进经济增长。同时，受传统节俭文化和社会保障体系不健全的影响，我国储蓄率一直处于较高的水平，高储蓄形成了十分充裕的资金供给，在货币政策对利率进行控制的情况下，可以较低的利率通过金融系统借贷融资，较低的资金成本为我国长期以来的投资驱动经济增长的模式提供了基础。在各种因素的引致下，我国以投资驱动经济增长的模式形成了惯性，一直牵引着我国经济发展的车轮。

除投资因素外，对外出口也一直是我国经济发展的主要动因之一。改革开放以来，由于我国低廉的劳动力成本和优惠的政策环境，国际资本大量进入中国，投资设厂，并将产品销往世界各地，我国成为"世界工厂"，工业品的生产基地。出口一直对我国经济发展发挥着十分重要的作用，是我国改革开放后经济保持两位数增长的动因之一。

2008 年金融危机席卷全球，受欧美消费萎缩影响，我国对外出口受阻，出口大幅下降。在此背景下，通过财政刺激政策，积极扩大内需，增加基础设施投入，着力提高居民消费，我国经济增长成为带动全球经济走出低迷的希望。2010 年，我国零售商品总额 154 554 亿元，同比增长 18.45%，消费将有望逐步成为引导我国经济发展的引擎，我国经济增长将会更多由消费推动，实现内生性增长。

2.1.2　三大要素

熊彼特从演化经济学视角，强调技术进步在人类社会经济发展中的作用，提出了经济增长动因的三大要素，即技术进步、人力资本积累和技术创新。与凯恩斯相比，熊彼特从一个更长的时期来考察经济增长，提出了经济增长的根本动因。

所谓生产要素，是指进行社会生产经营活动时所需要的各种社会资源，其中，资本、劳动和技术是最重要的三大要素。按生产要素分配，就是指社会根据生产某种产品时所投入的各种生产要素的比例和贡献对投入主体进行的报酬返还。在商品经济条件下，资本、劳动、技术等生产要素被不同的利益主体所占有，这种占有权力的经济实现形式，就是获取相应的收益分配。也就是说，无论谁使用这些生产要素，都要付出相应代价，这是商品经济运行中关于分配关系的一个客观必然性。

在人力资本理论产生以前，资本通常就是指物质资本。所谓物质资本，是指长期存在的生产物资形式，如机器、设备、厂房及各种原料、加工过程中的货物、存货等。随着生产力的发展，资本的种类需要扩展，但物质资本仍然是一种重要的资本形式。在传统的产业经济中，物质资本占据主导地位，然而，随着市场规模不断扩大、专业化分工程度不断深化、金融市场运行效率不断提高，物质资本越来越容易被复制，而人力资本和创新的重要性越来越高。但是，对当今许多正处于经济转型期的发展中国家来说，物质资本短缺是其长期面临的一大难题。因此，对于经济起飞不久、工业化尚未完成的发展中国家的经济增长，物质资本在诸要素中的相对地位可能不会下降，至少同其他形态的资本同等重要。

　　劳动要素是指人力资源中从事各类劳动并获取报酬的那部分人口在经济、社会中的投入形成的劳动投入量。在马克思的劳动价值论里，劳动是创造价值的唯一源泉。随着社会生产的高速发展，对劳动者的素质要求越来越高。20 世纪 60 年代，美国经济学家舒尔茨和贝克尔创立人力资本理论，阐述了劳动者素质的提高对于经济增长的巨大作用，同时也证明了教育、培训等投资的重要意义。人力资本不同于作为生产投入的一般性生产要素，与资金、厂房、原材料、机器设备等物质资本存在本质区别，它具有积极性和能动性，是创造、发展、生产的主体，能够为企业和社会创造更高的价值。与其他生产要素不同，人力资本可以产生递增的收益，消除物质资本等要素边际收益递减对经济长期增长的不利影响。第二次世界大战后的日本在短短 20 年间迅速发展成为世界经济强国，创造了举世瞩目的"东亚奇迹"，其主要原因在于国内拥有较高存量的人力资本，国民所受教育水平、所积累的技术知识和工商业者卓越的经营能力等人力资本因素的发挥。研究表明，人力资本积累的增加对经济增长的贡献大大超过了物质资本的增加所能产生的经济增长效应。人力资本存量较高的国家或地区，其经济增长速度也必然较快。

　　随着科学技术水平的提高，推动经济增长的主要力量逐渐由原来的物质要素转向技术进步因素。技术进步指技术的不断创新与提高、技术知识的丰富与更新、技能与技巧的提高等。索洛通过对产出增长型生产函数进行推导，将产出增长中不被生产要素投入增长所揭示的那部分增长称为"增长余值"，并认为这一"余值"是由于技术进步而产生的。在不增加劳动和资本要素投入的条件下，通过技术进步就能够提高生产效率，增加产出，实现长期而稳定的经济增长。当今社会，科技进步对于经济增长的贡献率越来越明显，据测算，发达国家经济增长中的 60% ~90%

依赖于科技进步，技术进步已经成为世界经济增长的重要动因。

生产要素的内容随着时代的发展也在不断发生变化。在社会发展的历史进程中，不断有新的生产要素，如现代管理、信息等进入生产领域，生产要素的内涵更加丰富。熊彼特用"创新理论"解释了资本主义的本质特征，他将"创新"定义为将原始生产要素重新排列组合为新的生产方式，以求提高效率、降低成本的一个经济过程。在熊彼特经济模型中，能够成功"创新"的人便能够摆脱利润递减的困境而生存下来，那些不能够成功地重新组合生产要素之人会最先被市场淘汰。由于实现创新的主体是企业家，因此，他的理论也为管理者才能获得收入分配奠定了理论基础，对后世的理论及实践产生了深远影响。在知识经济时代，信息是一项十分重要的生产要素，谁拥有足够的信息，谁就能掌握生产经营主动权，占据生产经营的优势。因此，信息要素的所有者在提供信息后，可以根据该信息对生产经营的贡献来换取回报。

2.1.3　三大产业

经济增长离不开产业结构的演化和升级，从经济发展的进程看，在经济发展过程中，不同的生产部门受到各种因素的影响和制约，会在增长速度、就业人数、经济总量占比、对经济增长的推动作用等方面表现出很大的差异。产业结构的转变过程划分为三个阶段：初级产品生产阶段、工业化阶段、发达经济阶段。其中，工业化阶段是产业结构变化最为剧烈的时期，这一时期国内需求结构、生产结构和外贸结构都会随着工业化过程发生迅速变动。

从世界各国经济发展路径来看，在工业化初期，产业结构是轻型结构，一般是第一产业（农业）和第二产业中的轻纺工业在经济增长中起着主导作用，劳动密集型产业占绝对优势；在工业化中期，资本积累初步完成，基础工业和社会基础设施得到很大改善，大规模机器工业体系逐渐完备，产业结构明显地向第二产业中重化工业倾斜，铁路、钢铁、机器制造、电力和化工等资本密集型产业在经济增长中起着主导作用；在工业化后期，以汽车、家用电器为代表的耐用消费品产业成为主导产业。随着科学技术不断取得突破，产业结构向高技术化、高资本密集化、高加工度化和高附加值化发展，第二产业的高端行业发展对经济增长起到了至关重要的推动作用，以微电子技术、信息技术、航天技术、光纤技术、生物工程、新能源和新材料为代表的高新技术产业成为主导产业。

对三次产业划分不仅反映资源的加工顺序，也能反映经济发展过程中经济重心转移趋势和产业间的资源流动现象，从经济发展进程看，随着经济的发展和国民收入水平的提高，劳动力由第一产业向第二产业流动，国民收入进一步提高后，劳动力又会向第三产业流动。劳动力在产业间变化移动的原因是由经济发展中各产业间的收入出现相对差异造成的。随着重工业化的完成，以金融、贸易、电子商务等为代表的第三产业逐渐成为主导产业。

计划经济时期，我国实行的是以重工业为优先发展目标的工业化战略，在短期内初步建立起完备的国民经济的工业体系，然而却忽视了农业和服务业的发展。改革开放后，为扭转结构失衡的国民经济，投资开始更多地流向农业和服务业。20世纪80年代，我国产业发展修正了以前结构失衡的状况，轻工业快于重工业增长，第三产业增速快于整个 GDP 增速。第二产业产值比例在整个80年代呈逐年下降趋势，服务业产值比例逐步上升。90年代后，第二产业增速最快，比重持续提高，第一产业增速最慢，占经济产出比重也出现下降。第二产业占 GDP 比重达到历史最高水平；而第三产业占 GDP 比重在 90 年代后却出现了波动。进入 21 世纪后，我国第三产业迅速发展，以金融、电子商务、文化产业为主导产业的局面迅速形成，成为我国新的经济增长点。总体来看，我国产业结构不断演进，产业结构水平在不断提升，第一产业比重持续下降，第二产业和第三产业在国内产出份额中的比例不断增加，产业结构升级已经成为了我国经济增长的重要动因。

2.2　居民收入增长动因

2.2.1　基本概念界定

国内生产总值（GDP）代表一国在一定时期内创造的总的社会财富。要厘清国内生产总值在经过多次分流以后最终将一部分收入分配给居民，就要首先对国民收入核算体系和居民收入分配机制中各相关概念进行科学界定，以便在进行居民收入与国民经济增长分析时口径一致。

2.2.1.1　国民收入核算体系

国民收入核算体系，又称国民经济账户体系（System of National Accounts，即 SNA 体系），它是依据西方经济理论，通过把国民经济各部门的经济活动全部纳入核算范围，从而使社会生产、流通、分配、消费各环节紧密衔接的一种宏观经济核算体系。国民收入核算体系的主要指标包括：国内生产总值（Gross Domestic Product，简称 GDP）、国民生产总值（Gross National

Product，简称 GNP）、国民生产净值（Net National Product，简称 NNP）、国民收入（National Income，简称 NI）、个人收入（Personal Income，简称 PI）、个人可支配收入（Personal Disposable Income，简称 PDI）。

国民收入核算有三种基本方法。一是产品流动法，又称为产品支出法、最终产品法、增值法，是从产品使用的角度出发，根据一定时期内购买各项最终产品的支出来计算国内生产总值的方法。为了避免重复计算，在运用产品流动法计算国民生产总值时，所相加的一定要是最终产品，而不是中间产品。二是要素所得法，又称所得收入法或要素收入法，是从经济活动中各行为主体获取收入的角度来计算国内生产总值的方法。在我国的统计实践中，收入法计算的国内生产总值分为四项：劳动者报酬、生产税净额（指生产税扣除生产补贴后的余额）、固定资产折旧和营业盈余。三是生产法，又叫部门法，这种计算方法是按提供物质产品与劳务的各个部门的产值来计算国内生产总值，反映了国内生产总值的来源。从理论上说，按产品流动法、要素所得法与生产法计算的 GDP 在总量上应该是相等的，但实际核算中常有误差，因而需要加上一个统计误差项来进行调整。

通过国民收入核算可以了解一个国家的总体经济状况，然而其以 GDP 来衡量国民经济总产出水平和经济发展程度也存在一定缺陷。例如，无法反映非市场交易活动（如家务活动、自给自足生产）以及地下交易、黑市交易，无法说明人们闲暇的享受与安全，难以体现人们在精神上的满足与不满足，难以量化经济活动对环境质量造成的损害，也未能展现社会产品在各类人群中的分配情况。此外，由于统计口径上的差异，给各国运用国民收入核算体系进行国际比较带来困难。基于此，本书在对国民经济增长及居民收入分配相关问题进行研究时，尽量选取统计口径比较一致的国家进行分析和比较。

2.2.1.2　居民收入

居民收入是指一个国家在一定时期内所有个人获得的收入总和。在国民经济核算体系中，居民收入等于国民收入扣除公司未分配利润、公司所得税、再投资费，再加上个人转移支付收入。在国民经济分配过程中，居民收入要先后经历初次分配和再次分配两个阶段。

在初次分配阶段，通过按照一定的原则和一定的机制分配得到的收入称之为原始收入。在初次分配领域，市场机制起决定作用，主要根据各生产要素在生产中带来的总收益进行分配，高效率获得高回报，政府通过税收杠杆和相关法律进行引导和调节，往往不直接干预。国民收入初次分配后被分解为五部分，包括：以税收形式上缴国家财政，形成国家集中的纯收入，由国家统筹安排，在全社会范围内使用；企业留用的利润，用于企业发展生产、集体福利、职工奖励等方面；按照收入分配原则分配给企业职工的工资，由个人支配和使用；股东分红以及地租（或者房租及其他自然资源）。这五个部分又可依据不同的主体划分为国家收入、企业收入和个人收入等三大块收入，其中个人收入是居民收入的主要组成部分。

国民收入的再分配，主要是对初次分配中的国家收入进行二次分配。在这个过程中，政府以国家管理者的身份将集中起来的国民收入在整个社会范围内进行的分配，其采用的主要渠道包括国家预算、劳务费用、价格变动等。通过收入税、社会保险缴款、社会福利、政府补助以及其他转移性支付等再分配项目，可以形成一部分居民可支配收入，以此满足非物质生产部门发展的需要，并调节国民收入在各群体和区域的分配。

2.2.1.3 居民收入结构

按照居民收入来源划分，居民可支配收入是由工资性收入、经营性收入、财产性收入和转移性收入四部分构成。各部分收入来源占居民总收入的比重即居民收入结构。

我国劳动法中的"工资性收入"是指用人单位依据国家有关规定或劳动合同的约定，以货币形式直接支付给本单位劳动者的劳动报酬，一般包括计时工资、计件工资、奖金、津贴和补贴、延长工作时间的工资报酬以及特殊情况下支付的工资等。

经营性收入是指居民以个人或家庭为单位通过经常性的生产经营活动而取得的收益。随着经济的多元化发展和居民就业观念的转变，城镇个体和私营企业从业人员队伍不断壮大，经营性收入已成为我国居民收入的重要组成部分。

财产性收入是指家庭或个人拥有的动产（如银行存款、有价证券）和不动产（如房屋、车辆、收藏品等）所获得的收入，包括出让财产使用权获得的利息、租金、专利收入，财产营运获得的红利收入、财产增值收益等。根据国际经验，在人均 GDP进入 1 000 美元至 3 000 美元阶段，国民财富的迅速增长必然推动居民理财观念的形成，居民拥有的财产和财产性收入一般都会大幅增加。

转移性收入是指国家、单位、社会团体对居民家庭的各种转移支付和居民家庭之间的收入转移，包括政府对个人转移的离退休金、失业救济金、赔偿等，单位对个人转移的辞退金、保险索赔、住房公积金，家庭间的赠与等。转移性收入直接影响社会成员的收入再分配，是实现社会公平的重要政策工具。

2.2.1.4 居民收入分配机制

居民收入分配机制是在既定分配制度安排下，为实现一定的居民收入分配目标而采取的路径和方式，其中主要包括市场分配和政府分配两种机制（常兴华等，2010）。在市场经济条件下，市场分配机制是收入分配的基础性机制，即按照资本、技术、劳动、管理者才能等生产力要素在生产过程中的贡献进行分配。在分配过程中，起主要调节作用的是价值规律和供求关系。也就是说，居民工资性收入水平的高低取决于各行业劳动力市场的供求，地租取决于土地市场的供求，利率取决于资本市场的供求，通过市场这只"无形的手"可自发实现分配在市场领域的高效率。然而，建立在市场机制自发作用之上的分配机制很难实现社会公平的目标，甚至可能引起两极分化，进而影响社会稳定。因此，政府这只"有形的手"应积极介入，通过各种政策工具调节社会分配差距，满足社会对公平的诉求。然而，值得指出的是，政府分配机制的运作虽然以"公平"为目标，但必须坚持"效率"的原则。

从我国收入分配机制的演进历程来看，改革开放以来，在邓小平同志建设有中国特色社会主义理论和党的基本路线指引下，围绕着如何有效发挥"市场分配机制"和"政府分配机制"的作用，如何实现效率与公平的相对平衡，我国在居民收入分配体制和机制上进行了积极的改革探索，引发了分配格局和分配关系的重大变迁。1987年，党的十三大提出"以按劳分配为主体，其他分配方式为补充"的制度，指出"非劳动收入只要是合法的，就应当允许"。1993年，党的十四届三中全会提出"个人收入分配要坚持以按劳分配为主体、多种分配方式并存"的制度，体现了效率优先、兼顾公平的原则。1997年，党的十五大提出"把按劳分配和按生产要素分配结合起来，允许和鼓励资本、技术等生产要素参与收益分配"。2002年，党的十六大进一步提出"确立劳动、资本、技术和管理等生产要素按贡献参与分配的原则，完善按劳分配为主体、多种分配方式并存的分配制度"，表明我国在收入分配机制上的探索进一步深化。党的十七大报告指出，"初次分配和再分配都要处理好效率和公平的关系，再分配更加注重公平"，充分展现了我国在追求经济高效率增长的同时，更加关注于社会的公平正义。2010年，党的十七届五中全会提出要"努力提高两个比重：一是提高居民收入在国民收入分配中的比重；二是提高劳动者劳动报酬在初次分配中的比重"，确保全体国民都能最大限度地享受改革开放的成果。

2.2.2 居民收入增长的决定因素分析

对国民收入核算体系的剖析分解以及对居民收入分配相关概念的界定，为我们分析居民收入与国民经济增长之间的关系提供了基本的逻辑分析视角，也为我们系统分析影响居民收入增长的宏观经济因素和微观经济因素提供了分析框架。

2.2.2.1 宏观决定因素

在国民收入核算体系中，从国内生产总值到居民收入先后经历了四次分割（见图2-1），第Ⅰ次将国内生产总值分割成为国民生产总值和要素报酬净流出，第Ⅱ次将国民生产总值分割成为国民生产净值和资本折旧，第Ⅲ次将国民生产净值分割成为企业未分配利润、居民收入和政府财政收入三大块，第Ⅳ次从政府财政收入中以转移支付的形式切割一块给居民收入。其中，第

Ⅲ 次切割和第 Ⅳ 次切割分别构成了国民收入的初次分配和再次
分配。

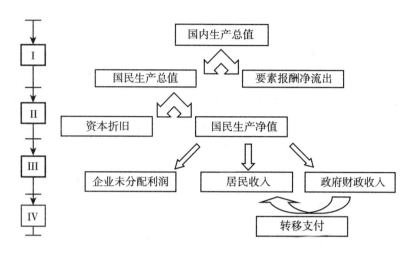

图 2 - 1　从国内生产总值到居民收入的四次分割

从国内生产总值到居民收入经历的四次分割可以看出，在宏
观层面影响居民收入增长的因素主要包括国内生产总值、国家宏
观税负、企业经营性留存及财政转移支付等。

一是国内生产总值。做大国内生产总值这块大蛋糕是提高居
民收入水平的根源。没有经济的快速发展作保障，居民收入增长
就将成为无源之水、无本之木。恩格斯曾说："分配方式本质上
毕竟要取决于有多少产品可供分配。"从发展历史看，改革开放
以来，伴随着国民经济的持续快速发展，城乡居民收入增长较
快，生活质量得到显著改善。从未来发展看，欠发达地区要解决
基础设施滞后、就业压力巨大、社会事业投入不足、收入分配不
公等棘手问题，避免陷入"中等收入陷阱"，仍须依靠发展"增
量"解决发展不足带来的问题（欧阳煌，2011）。当然，在追求
经济发展的过程中，必须摈弃"唯 GDP 论"发展模式，不能片
面追求 GDP 的增长速度，而忽略了发展的核心问题——幸福的

生活、公正的社会及适宜的环境。

二是国家宏观税负。广义的宏观税负是指政府收入占 GDP 的比重，是反映纳税人实际税收负担水平的一个重要指标。宏观税负的轻重，关系着社会资源和财富收入在国家与纳税主体之间的分配格局，影响着社会福利乃至经济运行的状况。分税制改革以来，伴随着我国税收规模的不断扩大，宏观税负呈现出不断上升的趋势。从表面上看，我国税收大部分由企业缴纳。然而，由于我国实行的是以流转税为主体的税制结构，企业部门可将大量间接税转嫁给居民部门承担。税负增加对国民收入分配格局所产生的总体影响是，居民部门的财富向政府部门和企业部门流动，降低了居民部门的总体可支配收入水平（吕冰洋等，2009）。居民部门成了宏观税负增长的主要"买单人"，不仅不利于现阶段促进投资、刺激消费的内需增长，也不利于保证居民共享经济改革成果的社会政策追求（薛钢，2011）。在所有税种中，个人所得税是对居民收入增长影响最为直接的税种。然而，我国现行的个人所得税制无论是在效率功能上还是在公平功能上，都存在着越位问题（施海霞，2005）。应进一步设计科学的计征模式，有效发挥个人所得税"公平调节器"的作用，增加高收入人群的税负，减轻中低收入人群税负。

三是企业留存收益。留存收益是在经营过程中所创造的没有分配给所有者而留存在企业的盈利，是企业从历年实现的利润中提取或留存于企业的内部积累，包括企业的盈余公积和未分配利润两个部分。在其他条件不变的情况下，企业经营性留存越高，则居民收入越低。我国拥有数目庞大的国有企业，然而，自 1994 年实行分税制以来国有企业只纳税而不向国家上缴利润，一直到 2007 年 12 月，经国务院批准，财政部与国资委发布《中央企业国有资本收益收取管理暂行办法》，明确要求 151 家中央国有独资企业自 2006 年起按照 5% ~10% 的比例向国家财政上缴国有资本收益。国有企业长期不向国家缴纳红利以及当前红利缴纳比例的偏低，使得绝大部分利润转化为企业的"超额储蓄"，导致国民财富不能让全体国民共享，造成了巨大的社会福利净损失和明显的社会不公，并加剧了经济领域的投资过热和产能过剩（陈少晖，2010）。

四是财政转移支付。财政转移支付是指除政府购买之外的不以取得商品和劳务作为补偿的财政支出，其重要目的是通过财政资金无偿的、单方面的转移实现收入再分配，进而缩小不同区域和不同群体之间的收入差距。财政转移支付主要通过财政补贴和社会保障支出两大工具实现。财政补贴通过政府对低收入者进行直接的财富转移，实现收入的再分配，可以起到缩小贫富差距的作用。社会保障支付是经济的"自动稳定器"，通过将财政资金转移给受保障的社会群体，由此发挥社会保障作为"安全阀"和"减震器"的功能。

2.2.2.2　微观决定因素

从生产要素的价格决定和收入分配理论上看，在竞争的市场条件下，要素的报酬水平不仅取决于该项要素的边际产出，而且还取决于该要素的供求状况及与其他生产要素的竞争关系。

一是要素的边际生产率。美国经济学家克拉克最早提出，在其他条件不变和边际生产力递减的前提下，一种生产要素的价格取决于其边际生产力。根据要素收入理论，要素的边际收益呈现出递减的规律，即在技术给定和其他要素投入不变的情况下，连续增加某种要素投入使其边际产量增加到某一点，超过该点后，增加投入会使其边际产量减少。我国经济在进入起飞阶段后，企业为克服资本边际收益递减规律的作用，通过运用我国丰富且廉价的劳动力资源优势，以低廉的劳动密集型产品在国内外市场上获得竞争优势。这不仅造成了我国经济增长过分依赖增加劳动和资本等生产要素投入，也阻碍了劳动生产率的提高，造成了劳动者工资收入较低的状态。

二是要素市场的供求关系。劳动力的市场价格也由其需求和供给两个方面来决定，其中对劳动力要素的需求来自于厂商，而要素的供给为居民。在相当长的一段时间内，我国的劳动力总体处于供过于求的状态，使得劳动者在市场交易中很容易被压低工资。一直以来，"人口红利"被认为是造就中国经济增长奇迹的重要源泉。在"刘易斯拐点"到来前的人口红利期，我国劳动者的收入长期受到压制。制度严重向资本倾斜，使普通劳动者权益得不到保障。企业承受的高额税负也使得血汗工厂的存在和发展成为必然。然而，始于2004年珠三角地区并在随后两年迅速向中西部地区蔓延的"民工荒"现象表明，农村劳动力无限供给的拐点已逐渐逼近，劳动力资源已变得相对稀缺，甚至可能出现短缺。在这种情形下，劳动者工资的上涨将成为一种必然趋势（王智勇，2007）。

三是要素所有者的相对地位。劳动力、土地、资本、企业家才能是最为常见的四种生产要素，随着科技的发展和知识产权制度的建立，技术、信息也作为相对独立的要素投入生产。总体来看，要素所有者的资源越稀缺、谈判地位越强、话语权越高，其报酬或价格就越高。在经济发展的较低阶段，资本、技术、企业家能力等生产要素相对稀缺，在社会生产和再生产过程中处于强势地位，而劳动力是相对丰富的生产要素，社会资源控制能力低下。在这种生产要素禀赋条件下，政府政策倾向于保护资本所有者和企业家的利益，而忽视甚至伤害劳动者的利益。由于我国在工资议价、支付保障和监督管理机制等方面的不完善，劳动力要素相对于资本、土地等要素长期处于弱势地位。劳动者供给充分且具有很强的替代性，使得我国劳动力市场处于买方垄断状态，企业作为用工单位，处于强势的买方地位，在工资决定中发挥关键作用。工会虽为劳动者的组织，但在劳资关系中缺乏谈判地位，在工资决定和协商中难以发挥应有的作用。

四是人力资本存量的差异。人力资本存量中人的技能、学识和健康等是决定个人收入的重要因素。根据人力资本与收入理论，人力资本与个人收入成正比，人力资本存量越大，个人收入就越高。在市场力量的作用下，人力资本存量差异对居民收入差距的影响具有明显的"马太效应"。人力资本投资必然提高个人的人力资本存量，进而增进个人的生产能力，在竞争性的市场环境中必然得到更高的收入报酬。而居民收入水平越高，就越有可能购买更好的教育、培训、医疗等基本服务，从而具备更高的劳动力素质，这样就更有利于寻找收入更高的工作岗位。改革开放以来，我国城乡居民人力资本状况都有很大改善，但是城乡居民人力资本存量仍然存在较大差距，这也是导致城乡收入呈现出明显二元特征的重要原因。

五是发展机会的均等性。当前，导致贫富两极分化日益严重的原因很多，而发展机会的不平等是其中的主要因素。贫困民众与弱势群体的各种权利（包括政治权利、经济权利和社会权利等基本人权）被剥夺和被侵蚀，以及由于等级地位、权势和财势、城乡分割制度、地理位置、性别以及无能力等原因而遭受到的各种社会排斥，加剧了经济效率的低下，进一步拉大了不同群体间的收入差距（杜志雄等，2010）。从我国当前发展现实来看，城乡之间、不同地区和行业之间的机会不均等以及政府对经济的不正当干预，使不同的群体失去了平等的权利和均等的发展机会，不利于长期的经济增长和国民收入的公平分配。

2.3　居民收入与经济增长的互动机理

现代市场经济条件下，经济增长与收入分配之间存在着一种相互激励、相互促进、相互影响、相互制约的动态关系（孙居涛等，2004；田杨群，2006）。正确认识二者之间的内在联系及互动机理，是实现居民收入与国民经济协调增长、良性互动的重要前提。

2.3.1　居民收入与经济增长的互动类型

通过对国民收入核算体系的分解可以看出，从国民生产总值到居民可支配收入中间需经历众多环节，受到一系列外部条件和内部因素的制约，这也意味着，国民经济增长不一定带来居民收入的同步增长。大致来看，经济增长与居民收入分配的互动组合可分为以下四种类型。

第一种类型：国民经济与居民收入同步正增长。国家经济实力的不断增强带来了生产力的迅速提高，为居民收入增长提供了充足的物质财富基础，贫困发生率不断下降。经济的高速增长创造了大量的工作岗位，因而能将增长的成果更为广泛地向普通劳动者传递，劳动者工资收入增加较快。政府将经济增长带来的物质财富更多地投向了普通公众能够享受得到的公共产品和公共服务，劳动者人力资本不断改善，教育和医疗卫生水平不断提高，由此也带来了技术创新能力的提升。此外，政府在致力于经济增长的过程中，更加关注社会公众的民生诉求，更加注意经济增长、社会和谐及环境保护的有机协调，具有显著的民本主义发展取向。这种组合类型的发展理念与当前所提倡的"包容性增长"和"科学发展观"具有内在的一致性，即倡导机会平等的增长，努力让经济全球化与经济发展成果惠及所有国家和地区，惠及所有人群，在可持续发展中实现经济社会协调发展。

第二种类型：国民经济正增长，居民收入也增长，但增长速度相对滞后。国民经济持续增长不仅使社会整体财富在不断增长，社会成员的财富也有所增加。然而，在居民收入与经济增长之间存在一种不匹配现象，主要表现为居民收入增速长期低于经济增长速度，无论是国民收入初次分配格局还是再分配格局，居民收入在国民收入比例中所占的比重都是逐年下降。尽管国民收入这块"蛋糕"逐年增大，然而由于没有制定合理的分"蛋糕"规则，导致不同收入群体及其内部的收入差距不断扩大。这种收入分配格局的长期存在，制约了居民的整体消费能力和意愿，激发了社会群体的矛盾，成为影响经济总体效率提高的主要矛盾之一。

第三种类型：国民经济正增长，居民收入负增长。属于典型的"增长性贫困"，一边是国民生产总值和国家财政收入的大幅攀升，另一边普通居民的收入增速远远跟不上经济的增长速度，考虑到通货膨胀因素的影响，甚至出现了居民收入的负增长。国家机构与垄断利益集团相结合，利用强大的税收能力和强势的社会地位，从社会中汲取资源和财富，然而，国家集聚的财富并未通过加大转移支付和民生投入等方式促使"国富"向"民富"转化，社会本身也缺乏制衡财富向国家过度集中的能力。其结果是直接造成了"国富民穷"的局面，消费拉动困难，经济畸形增长。

第四种类型：经济负增长与居民收入负增长并存。经济增长乏力，困难重重，导致可供分配的"蛋糕"严重缩水。由于缺乏公正合理的收入分配机制，导致居民在有限"蛋糕"中所分配的比例严重不足，居民收入与生活质量长期得不到改善和提高。垄断势力强大，社会财富向社会少数群体集聚，普通公众难以获得平等发展的机会。普通居民劳动报酬过分偏低造成的生活水平长期低下，以及收入分配严重不公造成的社会贫富悬殊，将严重挫伤劳动者的积极性，损坏社会秩序稳定的基础，削弱社会成员对国家政权及制度合法性的认同感和向心力。不满情绪的累积和发酵，若不加以调整和引导，将会给社会带来严重的政治风险。

在上述四种类型中，第一种类型是各国经济发展过程中着力寻求的具有可持续特征的良性互动组合，也是一种理想状态；第二种类型是现实中各国发展过程的普遍状态，也是我国当前的现实状态；第三、第四种类型则是各国在发展过程中都竭力避免的情形。

2.3.2 经济增长影响居民收入的作用机理

国民收入增长对居民收入及收入分配的影响是一个复杂的动态演进过程。持续、稳定的经济增长不仅为提高劳动者收入水平奠定了物质基础，同时，经济增长还通过带动就业、增强公共服务能力、增加产品总供给等方式，为提高劳动者的收入创造条件，促进收入分配状况的改善（见图2-2）。

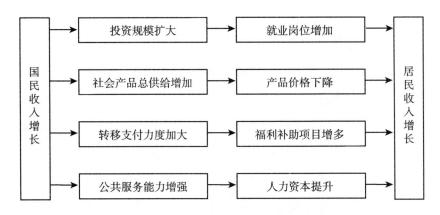

图 2 - 2 经济增长影响居民收入增长的传导路径

2.3.2.1 就业扩大效应

扩大就业的原动力在于经济增长。劳动力需求的水平，在动态的意义上主要取决于经济增长的规模和速度。从世界各国经济发展的历史来看，经济增长与就业增长整体上呈现出正相关的关系，即经济增长速度越快，对劳动力的需求量就越大，就业岗位增加，失业率降低；反之，经济增长速度慢，对劳动力的需求量相对较少，就会直接制约就业岗位的增加，失业率将上升。美国著名经济学家阿瑟·奥肯曾于 1962 年提出了著名的"奥肯定律"，该定律论证了失业率与国民生产总值增长率二者呈反方向变化的关系，即当实际 GDP 增长相对于潜在 GDP 增长（美国一般将之定义为 3%）下降 2% 时，失业率上升大约 1%；当实际 GDP 增长相对于潜在 GDP 增长上升 2% 时，失业率下降大约 1%。这个定律揭示了周期波动中经济增长率和失业率之间的经验关系，也被此后日本及许多国家和地区的发展所验证。当前，我国仍然面临着巨大的就业岗位缺口，广大农村还有人数众多的隐形失业者，增加就业机会、扩大就业面、改善低收入者收入状况仍需要依托经济的快速发展。

2.3.2.2 总供给增加效应

从理论上讲，经济增长意味着要素使用效率的提高，会较快地增加社会总供给的能力。在其他条件不变的情况下，供给的不断增加，将使产品和服务的价格下降，所产生的福利效应有助于社会低收入阶层分享经济增长带来的好处。改革开放前，我国封闭僵化的经济体制极大地阻碍了生产力的发展，国民经济已经滑到了崩溃边缘，物资极度匮乏，供应紧缺，多数消费品实行凭票定量供应。在改革开放大潮的推动下，我国国民经济全面快速发展，市场物资供应日益充足，逐步从票证供应的卖方市场发展到供应充裕的买方市场，计划时代的短缺经济逐渐转化为现在的过剩经济，为居民丰富的物质生活提供了有力的保障，老百姓生活质量明显改善。

2.3.2.3 转移支付增长效应

随着经济的快速增长，政府可通过强大的财力并运用转移支付手段改善落后地区和弱势人群的经济状况。政府间的转移支付（包括中央财政及发达地区对经济欠发达地区的转移支付）可使地方财力不充裕的地区实现"保工资、保运转、保民生、保重点"，有助于缩小地区间的经济差距。而政府直接对低收入居民的转移支付，可将从高收入者筹集的收入再分配给需要救济的低收入者，在一定程度上起到缩小社会群体收入差距的目的。以政府对"三农"的支出和补贴为例，近年来惠农补贴项目不断增多，标准不断提高，以种粮直接补贴、农作物良种补贴、农资综合补贴、农业保险费补贴等为代表的农业生产类扶持政策，以家电汽摩下乡补贴为代表的农村生活改善政策，以及以村级公益事业"一事一议"奖补政策为代表的农村基础设施建设补助政策，有力地促进了农业稳定发展、农民持续增收和农村和谐繁荣。

2.3.2.4　公共服务能力提升效应

进入 21 世纪，人类贫困、知识贫困等新型贫困问题日益突出，成为制约弱势群体收入增长的重要因素。人类贫困是指缺乏基本的人类能力，如不识字、营养不良、较短的预期寿命、疾病危害等；知识贫困可定义为由于普遍缺乏获取、交流、应用和创造知识与信息的能力，或者缺乏获得这些能力的基本权利和机会而形成的问题（胡鞍钢等，2006）。由于教育、医疗卫生、治安等非纯公共产品往往需要以付费的形式享用，因而低收入人群对公共教育、公共卫生等公共服务的依赖性更强（洪银兴，2007）。在国家财力不断增强的情况下，教育、医疗、卫生、保健等公共服务支出不断增加，普通居民进行人力资本积累的能力得到加强，从长远来看，可间接改善他们的收入水平。

2.3.3　居民收入影响经济增长的作用机理

收入分配主要通过影响消费、投资等环节对经济增长产生作用。此外，收入分配不平等及社会贫困化会对政治稳定产生消极影响，破坏经济发展的外部环境（见图 2 - 3）。

2.3.3.1　消费需求机制

居民的收入水平和边际消费倾向是影响消费的两大重要因素。当收入差距扩大时，具有不同收入水平和消费倾向的居民在全体居民中所占的比重将发生改变。一般来说，高收入人群的消费倾向小于低收入人群的消费倾向。因此，如果收入分配平等，则会提高整个社会的消费倾向。反之，收入分配差距越大，社会

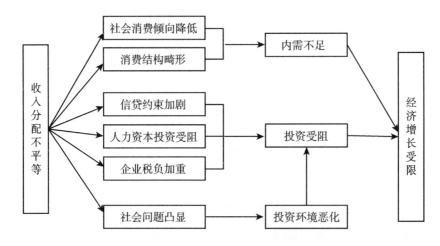

图2-3　收入分配影响经济增长的作用机理

的消费倾向就越低。在边际消费倾向递减规律的作用下，参与分配的人口的总体消费水平降低，最终将会对经济增长产生消极影响。马克思的收入分配理论认为，随着资本主义生产的不断扩大，工人的收入及总收入中所占比重会减少，工人阶级变得相对贫穷，甚至绝对的贫穷。资本主义盲目扩张的生产力，很快就同有限的消费需求相脱节，当生产和消费的矛盾尖锐时，最终引发了经济危机，经济增长难以维持。凯恩斯也认为，资本不能离开消费而独立存在，消费倾向一经降低，便成为永久性习惯，则不仅消费需求将减少，投资需求也必将减少。当前，我国居民收入差距不断扩大，普通居民收入增长缓慢，而教育、医疗、住房、养老等一系列配套改革滞后，强化了居民对未来的不确定性预期，从而导致居民缩减当期消费，储蓄意愿持续增强，对经济的增长产生了一定的消极影响。

此外，居民收入不均将引致消费结构的畸形，进而影响总消费需求的增长。随着居民收入的增长，人们不仅会增加某种商品的消费量，也会偏好于扩大消费品的范围。一般来说，在收入不平等的国家，消费能力强的富人倾向于炫耀式消费，往往喜欢追逐奢侈品，而作为国内工业产品主要购买者的普通公众由于购买能力有限导致有效需求不足。工业化要求充分大的国内市场以使规模收益递增的生产技术获得盈利，但收入分配不平等导致的国内工业品市场狭小，制约了国内工业化进程和经济增长（乔榛，2003）。从消费结构看，我国的普通消费品产能因多数人（尤其是欠发达地区农民）收入低下而处于过剩状态，高端消费品则供需两旺。这样一来，一极是被称为"房车路"的某些产业链的欣欣向荣；另一极是普遍存在的一般消费品的产能过剩或消费不足。这种畸形的消费需求将影响产品生产的导向，使市场生产走向极端，并将进一步影响一国的产品结构和产业分布，因而最终决定了一国的经济结构及经济质量（李子联，2011；王远鸿，2010）。

2.3.3.2 投资约束机制

在资本市场不完善的情况下，收入分配不均降低了投资机会，特别是穷人的投资机会，穷人因面临信贷约束而不得不放弃物质资本的投资。教育作为人力资本形成的首要条件，与收入不平等之间存在密切的关系，平均受教育程度的提高及教育资源的公平分配，有助于改善居民收入分配状况。Galor 和 Zeria（1993）首次提出，由于信贷市场的不完美，收入的均等更有利于那些不能通过借贷方式筹措教育费用的穷人拥有受教育的机会，有利于人们促进人力资本积累进而促进经济增长。

此外，收入差距的扩大会促使更多的社会成员支持增加税收以促进收入再分配，而更高的税率将导致企业税负过重，进而阻碍投资并对经济增长产生负面的激励作用。在民主社会，遵循的是少数服从多数的决策规则和中间投票人定理，社会的税率由政治均衡确定，受制于中间投票人的偏好。国外学者研究表明，在经济均衡时，税率越高经济增长率越低，在政治均衡时，收入分配越不平等则税率越高，而过高的税率对经济增长是有害的（Persson and Tabellini，1994）。

2.3.3.3 社会稳定机制

伴随着收入差距的不断拉大，贫富分化愈加悬殊所带来的社会问题日益凸显。如果任由这种趋势蔓延将会威胁到政治体制的稳定，恶化宏观经济环境，从而对投资产生影响，最终导致经济增长放缓。富者越富，穷者越穷的收入分配结构，更容易激发底层人民的不公平心理，更容易诱发社会不满情绪，并生成社会不稳定的心理温床。财富越来越向少数人集中，贫困群体的数量在不断增加，会促使更多穷人参与犯罪、暴动等社会不安定行为，这些行为将直接造成资源的浪费，因为这些活动所投入的时间和能力没有进行生产性的活动。另外，防止这些行为发生的活动也是一种资源的浪费（赵西亮，2003）。此外，产权受保护的程度和厂商对经济增长的预期也是影响企业家投资的重要因素。较大的收入分配差距不利于企业家对产权受到保护的信心和对经济增长的预期，从而抑制了投资需求（董碧松，2007）。

2.4 政策启示

通过对居民收入与国民经济增长互动机理的梳理，可以看出，居民收入分配与国民经济增长之间存在双向因果关系。一方面，经济的高速增长有利于做大国民收入蛋糕，可以形成缩小收入分配差距的物质基础，这有利于增加居民收入，减少贫困人口，降低居民收入的不平等程度；另一方面，居民收入分配会反作用影响国民经济增长，特别是通过影响消费、投资等内生因素及改变经济增长的外部环境等途径直接或间接影响最终的经济产出。居民收入分配与经济增长的"一体化互动关系"要求对居民收入分配的分析必须从经济增长入手，而对经济增长质量和效率的评判也必须以改善居民收入分配状况为重要依据。在政策制定和操作层面，为实现国民经济加速发展与居民收入水平迅速提高的"良性互动"状态，关键在于设置相应调控参数，确保二者增速动态平衡，内部结构相对合理。从理论分析及他国实践经验来看，"两个比例"的合理与否至关重要。

一是居民收入占 GDP 的比例。居民收入与国民经济协调增长实际上包括两个方面的内容：居民收入总量的增长和居民收入质量的提高。从数量看，是指居民收入较前一时期的增加，反映的是居民收入的纵向比较；从比重看，是指居民收入占 GDP 比重的提高，反映的是居民收入与 GDP 的同步增长。通常用来衡量居民收入总量增长的指标是居民收入与 GDP 的占比区间，这个占比区间有一定的合理范围，既不能太高，也不能太低，太高则影响经济增长速度，太低则影响劳动者积极性。当然，由于国情不同、经济发展程度不同等多种因素的影响，各国居民收入与 GDP 的占比区间并没有统一的标准。从美国等发达国家的情况看，通常在 60% 左右，从发展中国家看，则一般都低于发达国家水平。然而，对于我国来说，居民收入占 GDP 的比重应落在哪个合理区间，才有利于构建促进经济持续稳定增长的收入分配体系？这值得我们做进一步深入的探索，也是本书需着力解决的一个学术难题。

二是居民收入的内部分配比例。居民收入与国民经济协调增长也关注居民收入在不同群体间的合理分配。国际上常用基尼系数定量测定社会居民收入分配的差异程度。需要说明的是，基尼系数的计算是很复杂的过程，对于基尼系数的判断，国际上已经有比较通行的标准。根据联合国开发计划署的规定，基尼系数若低于0.2表示收入高度平均，0.2~0.3表示比较平均，0.3~0.4表示相对合理，0.4~0.5表示收入差距较大，0.6以上表示收入差距悬殊，通常认为的国际警戒线为0.4。因此，在居民收入与国民经济协调增长的理论和实证分析中，本书将重点分析居民收入占GDP的比例问题，对基尼系数问题将不做重点分析。

第3章
居民收入与国民经济协调增长的理论分析

居民收入与国民经济协调增长，包含了运行环境、传导机制、政策调控等众多的影响因素，是一个纷繁复杂的经济过程。为了深刻揭示居民收入与国民经济协调增长的内在机理，本章在充分吸收前人已有研究的基础上，将主要经济因素相互作用机制进行抽象和简化，构建了居民收入与国民经济协调增长的理论分析模型，并根据模型演绎结果，对居民收入与国民经济协调增长的理论内涵进行深入探讨。

3.1 居民收入与国民经济协调增长的理论基础

对于居民收入与国民经济增长的理论研究源远流长，其理论文献浩如烟海。不同的时代有着迥异的经济背景，在以不同时代背景为假设前提下的理论分析，自然也就产生不同的经济思想，形成了众多的理论流派。从古典经济学到新古典经济学，从马克思主义政治经济学到新剑桥学派，都对居民收入和国民经济协调增长进行了独到的分析，提出了各自的核心观点，形成了不同的理论体系。随着世界经济形势的发展，学术界研究的重心逐渐转向新古典理论和新剑桥学派理论，这一领域最新的研究成果也大都是对这两个流派理论体系的传承和发扬。因此，本书着重分析这两个流派的经济理论，并以它们为基础，构建居民收入与国民经济协调增长的理论分析模型。

新古典理论是建立在对古典理论扬弃的基础上，与古典理论强调以供给为核心不同，新古典理论强调需求的作用，运用"边际革命"的成果，形成了包括效用价值、边际效用价值和均衡价格相关内容的系列理论。新古典理论认为，国民收入增长是各生产要素共同作用的结果，在这一过程中，各要素之间也存在着相互影响。在各要素参与分配过程中，需求在价值决定中具有十分重要的作用，各要素按其贡献参与分配，要素收入的决定，取决于要素的边际生产力。

新剑桥学派理论以客观价值理论为基础，以分配理论为中心，强调收入分配对经济增长的作用，认为改变资本利润和劳动工资在国民收入中的比例，可以调节储蓄率达到合理水平，促进经济稳定增长。基于此，新剑桥学派提出发挥政策作用，通过税收等一些旨在促进收入均等化的政策来改进资本主义分配制度。

新古典理论、新剑桥学派理论关于经济增长与收入分配的分析，前提条件不同，强调的重点也各异。新古典理论的前提条件是市场机制的有效性，即市场能够迅速出清，强调的是要素市场自发的调节，在供求平衡的基础上，使得要素的价格调整到均衡，各要素的投入由市场调节到最优配置。新剑桥学派理论的前提是经济增长存在内在的不稳定，要素分配不会自动达到均衡，收入分配不会自动趋于合理，需要政府力量介入调节，强调政策的调控在促进经济平稳增长中的作用。

新古典理论和新剑桥学派理论又是相联系的，是一个问题的两个方面，新古典理论注重初次分配领域，强调的是效率；而新剑桥学派注重再分配领域，强调的是稳定。在初次分配领域，市场起主导作用，收入分配主要根据各要素的市场供求状况决定，由各要素的贡献来决定其分配的份额。居民收入主要由劳动力的生产效率及劳动力市场的供求决定，劳动力的生产效率越高，居民收入的分配比例就越高。劳动力越稀缺，居民收入分配比例就越高。在再分配领域，政府政策起引导作用，收入分配方式的侧重点发生了改变，侧重于收入的公平分配，通过更加合理地在各要素之间分配收入，致力于追求经济的平稳增长，注重经济增长的质量。

由新古典理论和新剑桥学派理论分析可以看出，研究居民收入与国民经济协调增长，至少应该包括四个方面的内容：居民收入协调增长、国民经济协调增长、居民收入与国民经济之间的传导机制、协调居民收入和国民经济增长的制度安排。居民收入协调增长和国民经济协调增长属于两个相对独立的概念，具有独立的内涵；传导机制则是连接居民收入增长和国民经济增长两者的渠道；而制度安排则是保证居民收入与国民经济协调增长的基础和前提。

国民经济协调增长具体包括两个方面的内容：一是国民经济总量的持续增长，二是国民经济增长质量的不断提高。国民经济总量的增长意味着社会总产出的增加，而国民经济质量的提高不仅意味着经济总量的增加，还意味着单位产出能耗的降低，投入产出比率提高，经济结构不断优化，技术对国民经济增长的贡献度提高。要实现国民经济协调增长，增长质量更重要。只有注重经济增长质量，才能实现经济可持续发展。传统的单纯以追求经济总量为目的，以高消耗、拼资源为特征的粗放式增长方式已经不能适应我国长期经济发展要求，只有转变经济增长方式，提高经济增长质量，才能减少能源消耗，提高资源利用效率，有效保护生态环境，促进我国经济的持续增长；只有注重经济增长质量，才能让普通民众分享到我国改革开放的成果，增进全社会福利。提高经济增长质量客观上要求转变经济增长方式、优化经济结构、加快民生产业发展，从而能极大地促进整个社会福利的改善；只有注重经济增长质量，才能实现居民收入与国民经济协调增长，实现劳动报酬和劳动生产率同步提高。

传导机制是连接居民收入与国民经济增长的渠道，是居民收入与国民经济如何相互影响的机制，只有理顺了这两者之间的传导机制，才能使两者实现良性互动。一方面，居民收入总体水平不断提高，居民收入差距缩小，可以有效地改善消费和投资的比重，缓解我国经济增长中消费与投资比例长期不协调的问题，促进经济内生增长；同时，收入水平提高与差距缩小，还可以带动消费的升级，增加对科技环保产品的需求，推动经济增长转型。另一方面，国民经济协调增长，有利于改善国民经济结构，经济增长逐步转变到依赖科技进步和人力资本的积累上来，提高人的因素在投入要素中的重要性，这样有利于改变我国长期以来居民收入在分配中的不利地位，提高我国居民收入水平。然而，这两者之间的传导机制是非常复杂的。为了使复杂的问题简单化，以便更加清晰地分析所关注的问题，这里只考察两个最主要的传导变量，即消费和投资，着重探讨消费和投资在国民经济增长与居民收入增长之间的传导作用。

居民收入的增长情况和分配状况直接影响居民家庭的经济开支决策，很大程度上决定了私人部门投资、消费的结构和层次，而这些因素对国民经济协调增长至关重要。从投资的角度看，居民收入的状况除了通过居民储蓄来影响实物资本存量外，还直接影响整个社会人力资本投资的总量及结构，从而改变社会的技术水平和劳动力质量。在内生增长模式下，技术水平状况又决定了经济体的产能和效率，最终决定了社会的总供给，在国民经济协调增长中发挥着关键作用，其影响机制可以概括为：居民收入→人力资本形成→技术水平→总供给→国民经济增长；从消费的角度看，居民收入的状况直接决定了消费，因为消费是居民可支配收入的函数，作为总需求的构成部分，居民消费的变动又很大程度上决定社会总需求的变动，并最终决定社会总产出水平，影响国民经济的协调增长，其影响机制可以表示为：居民收入→居民消费→总需求→国民经济增长。

制度安排在居民收入与国民经济协调增长中的作用至关重要，制度的重要性不仅在于保证居民收入和国民经济各自实现协调增长，还在于保障居民收入和国民经济之间传导机制的顺畅。制度安排涉及市场边界、产权制度等多方面，内容纷繁复杂，根据研究的目标，本书重点探讨财政与金融政策。财政金融政策在整个过程中的作用显而易见：金融政策主要是通过增加贫困人口融资的可获得性、调控金融机构信贷结构、融资成本差别化策略等一系列组合政策，有效配置金融资源，促进居民收入与国民经济协调增长。但是由于金融领域市场化程度较高，且金融政策制定地方政府少有话语权，从而使各级政府尤其是地方政府在金融政策发挥上还受到很大的限制。与金融政策相比，财政政策将更加充分地体现政府调控市场的能力，地方政府发挥余地较大，使得地方财政政策在区域内居民收入和国民经济协调增长过程能够发挥更大的作用。财政政策通过财政收入和支出政策的调整，可以对居民收入与国民经济协调增长进行有效调控，一是可以调整税收、非税政策，加强社会保障措施，增加居民收入，缩小居民之间收入差距，提高居民收入的均等程度；二是可以通过调整税收政策和技改、科技创新支出，积极培育新兴产业，淘汰落后产能，调整国民经济增长方式，加快经济增长方式转变；三是可以通过财政政策疏通国民收入与经济增长之间的传导渠道，引导增加的居民收入购买力向节能环保绿色消费品转移，进而为新兴产业培育市场。同时，通过财税政策合理地调节投资与消费的比例，抑制各级政府投资的冲动，实现收入分配与国民经济增长的良性互动、协调增长。

3.2　理论模型 I：基于新古典理论视角

新古典学派的居民收入增长理论模型拓展了基本的柯布—道格拉斯生产函数（C－D 函数），假定产出（Y）与资本投入（K）、劳动投入（L）和人力资本投入（H）符合 C－D 生产函数形式，并且技术进步（TFP）用 A 表示，则加入人力资本要素后的生产函数可表示为：

$$Y = AF(K,L,H) = AK^{\alpha}L^{\beta}H^{\gamma} \tag{1}$$

其中，Y 表示社会总产出，K、L、H 分别为资本、劳动力和人力资本投入要素指标；α、β、γ 分别为资本、劳动、人力资本要素的产出弹性，表明各个要素对总产出的贡献率。A 为 TFP（全要素生产率）指标，全要素生产率是用来衡量生产效率的指标，它主要有三个来源：一是效率的改善；二是技术进步；三是规模效应。

对（1）式两边取自然对数有：

$$\ln(Y_t) = \ln(A_t) + \alpha\ln(K_t) + \beta\ln(L_t) + \gamma\ln(H_t) \tag{2}$$

将（2）式两端对时间 t 求导，得到：

$$\frac{dY/dt}{Y} = \frac{dA/dt}{A} + \alpha\frac{dK/dt}{K} + \beta\frac{dL/dt}{L} + \gamma\frac{dH/dt}{H} \qquad (3)$$

设

$$g_Y = \frac{dY/dt}{Y} \qquad (4)$$

由于 dY/dt 含义为产出（Y）随着时间（t）的增量，因此，$\frac{dY/dt}{Y}$ 为增量与基数的比例，可以表示为产出（Y）的增长率，则其他可依次表示为：

$$g_A = \frac{dA/dt}{A},\ g_K = \frac{dK/dt}{K},\ g_L = \frac{dL/dt}{L},\ g_H = \frac{dH/dt}{H} \qquad (5)$$

令 g_Y，g_A，g_K，g_L，g_H 分别代表产出、全要素生产率、资本、劳动、人力资本的增长率，则（3）式可以表达为：

$$g_Y = g_A + \alpha g_K + \beta g_L + \gamma g_H \qquad (6)$$

由上式可以看出，产出增长率是由资本、劳动、人力资本各要素以及全要素生产率的增长率的线性组合，总产出的增长由投入要素的增长决定。其中，α，β，γ 确定了各要素增长对总产出增长的贡献。

3.3　理论模型 II：基于新剑桥学派视角

传统理论虽然对居民收入分配问题都有所阐述，但是却没有很好地解释如下问题：经济增长的成果究竟该如何分配，不同要素所有者的收入水平如何界定？而这一问题无疑是居民收入与国民经济协调增长的基础。本书的增长模型吸取了古典假设，从国民收入核算体系入手，结合王洋（2006）的新增长模型，模型包括企业部门、银行部门和一种新的收入—支出模型，然后讨论居民收入占 GDP 比例与均衡经济增长率和总资产报酬率（ROA）、投资消费结构、企业资产/负债结构的关系。

我国收入法 GDP 核算将增加值划分为劳动者报酬、生产税净额、固定资产折旧和营业盈余，即 GDP 等于劳动者报酬（工资）（W）、利息收入（R），固定资产折旧（D）、营业盈余（π）、生产税净额（T）之和（在这里我们假设工资收入为实际的居民收入，不考虑财产性收入等收入来源。）；按支出法，GDP 等于最终消费（C）、资本形成总额（投资）（I）、净出口（EX）之和。不考虑政府部门和进出口部门，则收入—支出模型可以表述如下：

$$W_t + D_t + R_t + \pi_t = C_t + I_t = GDP_t$$

左边的收入也是产品的总供给价格，前三项为企业成本，右边的支出表示总需求。下标 t 表示时期。由此，我们将居民收入、企业利润、生产税金、投资和 GDP 统一在一个核算体系下。由此，通过一系列假设和分析，得出居民收入占 GDP 比例与企业利润、GDP、企业盈利能力等的关系。

3.3.1 市场模拟

企业部门：模型假定，企业部门负债为 L，所有者权益为 E，企业长期的资产负债率为 β。根据资产负债表的平衡原则，企业的资产总量为（$L + E$），分为金融资产和实物资产，设实物资产用 K 表示，占总资产的比例为 u。企业的金融资产值与实物资产值的比例，用 f 表示。则：

$$f = \frac{(L + E) - K}{K} = \frac{1 - u}{u} \tag{1}$$

$$u = \frac{1}{1 + f} \tag{2}$$

长期中存在稳定的折旧率 d、利息率 r 和利润率 i。当期利息 R 为上期企业负债 L 和利息率的乘积，当期利润 π 为上期企业所有者权益 E 与利润率的乘积。折旧 D 为折旧率乘以实物资产。设企业的总资产报酬率为 ρ。

$$R_{t+1} = rL_t$$
$$\pi_{t+1} = iE_t$$
$$D_t = du(L_t + E_t) \qquad (3)$$
$$\rho = \frac{R_{t+1} + \pi_{t+1}}{L_t + E_t}$$

收入分配：工资收入和利息、利润收入间收入分配的比例用 θ 来表示。在这里假设工资收入代表居民收入水平，模型不考虑其他收入。那么工资与利息、利润的比例就代表劳动报酬与资本报酬的比例。θ 越大，收入分配差距越小。

$$\theta = \frac{W_t}{R_t + \pi_t} \qquad (4)$$

那么居民收入占 GDP 的比例，用 Y 表示就可以表示为：

$$Y = \frac{\theta}{1 + \theta} \qquad (5)$$

储蓄倾向：一国的储蓄大致可分为居民储蓄、企业储蓄与政府储蓄三大块。这里暂不考虑政府储蓄，那么工资（居民收入）的储蓄倾向为 s'_w，利息和利润（企业）的储蓄倾向为 s'_c，则总储蓄率为 s' 可表示为：

$$s' = \frac{s'_w \theta + s'_c}{\theta + 1} \qquad (6)$$

3.3.2　均衡分析

在均衡状态下，储蓄等于投资：

$$s'_w W_t + s'_c (R + \pi)_t + D_t = I_t \tag{7}$$

$$(1 - s'_w) W_t + (1 - s'_c)(R + \pi)_t = C_t \tag{8}$$

定义投资为实物资产的增加值加当期折旧，即

$$I_t = u(L + E)_t - u(L + E)_{t-1} + D_t \tag{9}$$

$$I_t = s'_w W_t + s'_c (R + \pi)_t + D_t \tag{10}$$

由于上两式相等，可以得到

$$u(L + E)_t - u(L + E)_{t-1} = s'_w W_t + s'_c (R + \pi)_t \tag{1a}$$

因为 $\rho = \dfrac{R_{t+1} + \pi_{t+1}}{L_t + E_t}$ ，两边同乘以分母，

有： $$\rho(L_{t-1} + E_{t-1}) = R_t + \pi_t \tag{2a}$$

因为： $\theta = \dfrac{W_t}{R_t + \pi_t}$ ，两边同时乘以 s'_w ，

可得： $$s'_w \theta = \frac{s'_w W_t}{R_t + \pi_t} \tag{3a}$$

同乘分母，有： $$s'_w \theta(R_t + \pi_t) = s'_w W_t \tag{4a}$$

又 $$\rho(L_{t-1} + E_{t-1}) = R_t + \pi_t ,$$

有： $$s'_w W_t = s'_w \theta \rho(L_{t-1} + E_{t-1}) \tag{5a}$$

进而有： $$s'_w W_t + s'_c(R_t + \pi_t) = s'_w \theta \rho(L_{t-1} + E_{t-1}) \\ + s'_c \rho(L_{t-1} + E_{t-1}) \tag{6a}$$

上式可以进一步推导为：

$$s'_w W_t + s'_c(R_t + \pi_t) = s'_w \theta \rho(L_{t-1} + E_{t-1}) + s'_c \rho(L_{t-1} + E_{t-1}) \\ = (s'_w \theta + s'_c)\rho(L_{t-1} + E_{t-1}) \tag{7a}$$

因为 $$s' = \frac{s'_w \theta + s'_c}{\theta + 1} ,$$

所以有： $$s'_w \theta + s'_c = (\theta + 1)s' \tag{8a}$$

则（1a）式可推导为：

$$u(L + E)_t - u(L + E)_{t-1} = s'_w W_t + s'_c(R + \pi)_t$$

$$= s'(\theta + 1)\rho(L_{t-1} + E_{t-1}) \quad (9\text{a})$$

简化后，移项，由上式推导可得：

$$[u + s'(\theta + 1)\rho](L_{t-1} + E_{t-1}) = u(L_t + E_t) \quad (11)$$

设 M 为货币数量，银行按企业固定资产比例 α 发放贷款，根据存款多倍创造，有如下方程式：

$$M_t = \frac{\alpha}{1 - \alpha} E_t \quad (12)$$

由于 $\dfrac{\alpha}{1 - \alpha}$ 为常数，设 g 为增长率

可得：

$$g_M = g_E = g_{L+E} \quad (13)$$

由于所有流量和存量都成固定比例，所以稳定经济增长率也等于这个增长率，均衡的经济增长率可表示为：

$$g_{GDP} = s'(\theta + 1)(1 + f)\rho \quad (14)$$

推论一：居民收入占比与企业资产总回报率负相关

根据均衡增长公式：

$$g_{GDP} = s'(\theta + 1)(1 + f)\rho \quad (15)$$

可得：

$$\theta = \frac{g_{GDP}}{s'(1 + f)\rho} - 1 \quad (16)$$

由于：

$$Y = \theta / (1 + \theta),$$

可得：

$$Y = 1 - s'(1 + f)\rho / g_{GDP} \quad (17)$$

假设其他变量不变，单独考察 ρ 和 Y 之间的关系，可以看出，ρ 和 Y 呈现负相关关系，即企业部门的总资产回报率越高，则居民收入占 GDP 的比例越小，企业资产总回报率越高，转化为投资的比例就会越大，加速了资本积累，挤占了居民收入（见图 3 - 1）。

在经济增长处于一个稳定状态时，即 g_{GDP}、s' 为固定值时，居民收入占 GDP 比重，即 Y 与企业的总资产报酬率及储蓄率成反比关系，即高利润率及高储蓄率刺激企业部门的收入转化成投资，加速了资本积累，进而挤占了居民收入。

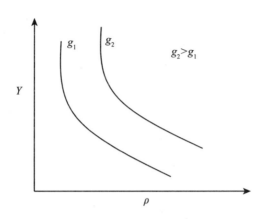

图 3 - 1 Y 与 ρ 的关系

推论二：经济增长率与要素收入分配差距呈反向关系

均衡增长公式：$g_{GDP} = s'(\theta + 1)(1 + f)\rho$ (18)

设其他变量固定，单独考察 g_{GDP} 和 θ 之间的关系，可以看出，由于 $s'(f + 1)\rho$ 数值为正，g_{GDP} 和 θ 呈正向关系，又由于 $\theta = \dfrac{W_t}{(R_t + \pi_t)}$，其含义为劳动报酬与资本报酬的比例，因此，$\theta$ 越大表明劳动报酬占比越大，要素收入分配差距越小。θ 越大，则 g_{GDP} 越大，均衡增长率越高，即经济增长率与要素收入分配差距呈反向关系。

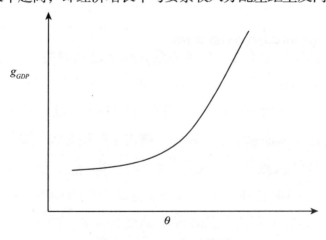

图 3 - 2 g_{GDP} 和 θ 关系

3.4　模型的比较与说明

比较模型Ⅰ和模型Ⅱ，我们可以发现，新剑桥学派理论和新古典理论框架存在一些差别，主要体现在模型求解基础、模型假设前提和模型演绎思路的不同。

3.4.1　模型求解基础不同

模型Ⅰ从各投入要素对总产出不同贡献的视角来考察劳动力收入与经济增长之间的关系，模型Ⅱ侧重于从整个宏观经济均衡的视角来考察居民收入和经济增长两者之间的关系。模型Ⅱ在确定了投资和消费函数以后，根据投资和储蓄相等这一宏观均衡恒等式，求解出均衡增长率，进而推导出经济增长与居民收入增长、经济增长与居民收入占比之间的关系。模型Ⅰ在推导各要素产出弹性的基础上，提出各要素按照其对总产出贡献的比例进行分配，从而揭示出居民收入占比与经济增长之间正相关的联系。

3.4.2　模型假设前提不同

模型Ⅰ实际上隐含了一个假设：无交易成本的完美市场，模型Ⅱ则没有这个强假设。模型Ⅰ通过生产函数，推导出各要素的产出弹性，进而根据产出弹性的比例来决定各投入要素的价格，即确定收入分配比例。要素供求双方达成均衡价格，只能在一个竞争充分、无交易成本、具有完善的价格发现能力的市场。

3.4.3 模型演绎思路不同

模型Ⅱ中主要参与主体分为企业和居民两个部门，根据不同的经济活动，将企业部门又分别分为企业投资和企业消费，将居民部门分为居民消费和居民投资，综合企业投资和居民投资为总投资，综合居民消费和企业消费为总消费，以此进行模型演绎；而模型Ⅰ中的主要参与主体为资本、劳动等生产要素，根据不同投入要素对总产出的贡献，按贡献的不同进行收入分配。

虽然上述两个模型存在较大的差异，但是其主要研究的内容是相同的，即都是研究居民收入与国民经济协调增长，同时，得出的结论基本是一致的，即国民经济的增长与居民收入增长，理论上在长期存在正相关关系，居民收入的增长与企业部门的回报率在短期内是负向相关的。两个模型都十分强调储蓄在促进居民收入和国民经济协调增长中的作用，模型Ⅱ强调社会储蓄率与收入分配相关，收入分配变化带来储蓄率的变动，而储蓄率也可以反过来影响收入分配。模型Ⅰ认为经济人在进行跨期决策过程中，通过不断地改变自己在每一时期的储蓄率来使自己的一生效用最大化。可见模型Ⅰ和模型Ⅱ对居民收入与国民经济协调增长研究都有价值，为了使理论结果更加有说服力，本书在以上两种理论研究框架上，都将分别进行实证分析，以确定我国居民收入占 GDP 比率的合理区间。

第4章

居民收入与国民经济协调增长区间的实证分析

根据上一章基于新古典理论和新剑桥学派理论对居民收入与国民经济协调增长的理论分析，运用构建的模型Ⅰ和模型Ⅱ，本章采用我国近年来经济运行数据进行实证检验，并在此基础上确定我国居民收入分配占比的最优区间。同时，本章对两个实证估计结果进行比较分析，以确保计量分析结果的稳健性和最优区间界定的科学性。

4.1 实证Ⅰ：基于新古典模型

4.1.1 研究设计与实证结果

4.1.1.1 研究设计

根据上一章理论分析的结论，结合我国实际情况，给出新古典理论基础下的计量模型：

$$\ln(Y_t) = c + \beta_1 \ln(K_t) + \beta_2 \ln(L_t) + \beta_3 \ln(H_t) + u_t$$

其中，Y_t 表示总产出，K_t 表示资本存量，L_t 表示劳动力投入，H_t 表示人力资本要素，u_t 为误差项。在确定了计量模型后，下文将构建相应的指标，选取数据，进行参数估计和假设检验。

在数据的选取上，本实证主要以 1979～2009 年的时间序列数据为基础进行分析。

——资本存量 K 的指标构建。本书采用张军等（2003）的公式：

$$K_t = I_t + (1 - \alpha_t - g_t)K_{t-1} \qquad (19)$$

其中，g_t 表示经济增长率，因为他们所采用的样本是各省的数据，所以 g_t 就表示各省的 GDP 增长率。在此公式中一共涉及四个变量：（1）当年投资 I 的选取；（2）投资品价格指数的构造，以折算到不变价格；（3）经济折旧率的确定；（4）基年资本存量 K 的确定。

一是当年 I 的选取。投资数据主要包括积累数据、固定资产投资数据、固定资产形成数据、资本形成总额数据、存货投资数据以及新增固定资产数据，先前的研究大多采用这几种数据进行测算。张军等（2004）则采用固定资本形成总额来表示投资流量指标。从数据的可获得性和适用性来看，这一指标比较适用本书实证的要求，因此本书采用此指标。

二是投资价格指数的构造。《中国统计年鉴》从 1992 年以后才开始公布这一数据，此前没有可用的官方数据，所以大多数研究的解决办法是选用其他价格指数代替，或者通过一些计量的方法进行构造。张军等（2004）借助固定资本形成总额及固定资本形成指数来构造投资隐含平减价格指数。我们沿用此法，根据《中国国内生产总值核算历史资料（1952～2004）》提供的

1978～1994年的固定资本形成总额指数和固定资本形成总额来计算得到投资隐含平减指数，对于1995年以后的数据则直接采用《中国统计年鉴》公布的固定资产投资价格指数，然后用这一指数序列平减各年投资，将固定资本形成总额折算成以基年不变价格的实际值。

三是对折旧的处理方法。由于国家统计部门在1994年之前一直没有公布各省的固定资产折旧序列，已有研究从折旧额和折旧率方面考虑。比较有代表性的是胡永泰（1998）、王小鲁和樊纲（2000）、Wang和Yao（2003），均假定折旧率为5%。综合考虑，目前大多数对全要素生产率测算的研究都采用5%，因此本书选取5%。

四是基年资本存量的估算。资本存量的基期估计是一个比较难的问题，由于所使用的方法不同，估算出来的数据有很大的差异。因为缺乏基年资本存量统计数据，所以研究人员往往采用推算的方法来测算我国资本存量的基年值。鉴于本书研究的需要，我们将1978年设为基年，通过Chow（1993）估计可知，固定资产的积累指数在1952～1978年间基本保持不变，所以我们可直接采用1978年年末的资本存量11 292亿元（1978年不变价）作为初始资本值。

——人力资本的估算。舒尔茨提出了人力资本的理论，并认为人力资本应包含健康、干中学、正式教育和迁移等。对于人力资本常用的度量方法主要有劳动者报酬法、教育经费法和受教育年限法。鉴于本书对劳动收入研究的目的，本书采用受教育年限积累法，利用从业人员的受教育结构来推算人力资本存量。人力资本指标算法如下：

$$H_t = \sum_{i=1}^{6} HE_{it} e^{\lambda h_i} \tag{20}$$

其中，$i=1$、2、3、4、5、6，分别表示文盲半文盲、小学、初中、高中、大学专科和大学本科以上，HE_{it} 为 t 年第 i 学历层次的劳动力人数，h_i 为第 i 学历水平的受教育年限。λ 为调节系数。在核算人力资本存量的过程中，我们把从业人员分为文盲与半文盲、小学、初中、高中、大专、大学及大学以上人员，其学制按照王金营（2001）的假定分别为 2 年、6 年、3 年、3 年、2.5 年、4 年。关于从业人员中文盲与半文盲、小学、初中、高中、大专、大学人员的结构比率数据，1978～1998 年间来自王金营用模型核算的结果，1999 年、2001～2008 年来自各年《中国劳动统计年鉴》，由于 2000 年的数据缺失，我们采用 1999 年与 2001 年的平均值。2009 年人力资本直接采用趋势外推法求得。劳动人口数据来自各年统计年鉴。

在其他两个指标的构建上，选取指数平减处理后的 GDP 作为表示总产出 Y_t 的指标，根据《中国统计年鉴》的 GDP 数据，按照 1978 年不变价格进行处理；劳动力投入 L_t 变量采用劳动就业人口指标表示，直接使用《中国统计年鉴》就业人员数量作为相应指标的数据。

在所选取的数据中，GDP 为流量概念，而就业人口、固定资本存量、人力资本存量三指标所选取的数据为存量概念，为了使这三个变量的数据与 GDP 流量的含义相一致，我们对劳动人数、固定资本存量、人力资本存量三指标前后两年的数据进行算术平均，得到年中数据，并以此数据进行计量估计。

4.1.1.2　实证结果分析

在进行计量分析前，需要对所采取的数据进行适当处理。由于本书所有变量所采取的数据均为时间序列数据，为了使得所取数据符合参数估计的假设条件，首先需要对原始数据取对数，使得原始数据一定程度上具备平稳性特征。所有变量取对数后，其数据的散点图如图4-1所示。

表4-1 基本指标时间序列表

年　份	不变价格 GDP（亿元）	就业人口（年中值，万人）	固定资本存量（年中值，亿元）	人力资本存量（年中值，亿元）
1979	3 922. 25	40 588. 00	11 574. 03	89 542. 26
1980	4 228. 75	41 692. 50	12 187. 90	93 626. 00
1981	4 450. 47	43 043. 00	12 823. 15	97 972. 11
1982	4 853. 54	44 510. 00	13 474. 43	102 566. 45
1983	5 380. 29	45 865. 50	14 233. 30	107 085. 35
1984	6 196. 81	47 316. 50	15 184. 03	111 484. 90
1985	7 031. 28	49 035. 00	16 382. 55	115 886. 70
1986	7 653. 29	50 577. 50	17 776. 73	120 274. 35
1987	8 539. 80	52 032. 50	19 384. 71	124 773. 40
1988	9 503. 13	53 558. 50	21 206. 54	129 350. 15
1989	9 889. 27	54 831. 50	22 862. 64	133 925. 95
1990	10 268. 92	60 039. 00	24 286. 67	138 090. 25
1991	11 211. 50	65 120. 00	25 892. 93	141 417. 50
1992	12 808. 09	65 821. 50	27 991. 81	144 181. 40
1993	14 596. 65	66 480. 00	30 820. 70	146 781. 80
1994	16 506. 00	67 131. 50	34 398. 41	149 277. 90
1995	18 309. 27	67 760. 00	38 603. 00	151 620. 35
1996	20 141. 76	68 507. 50	43 320. 80	154 416. 60
1997	22 014. 35	69 385. 00	48 356. 20	156 194. 70
1998	23 738. 81	70 228. 50	53 735. 32	157 491. 05
1999	25 547. 66	71 015. 50	59 523. 36	161 023. 45
2000	27 701. 66	71 739. 50	65 743. 50	166 088. 45
2001	30 000. 98	72 555. 00	72 610. 68	171 864. 00

续表

年　份	不变价格 GDP （亿元）	就业人口 （年中值，万人）	固定资本存量 （年中值，亿元）	人力资本存量 （年中值，亿元）
2002	32 725.69	73 382.50	80 488.50	176 169.85
2003	36 006.57	74 086.00	90 022.19	179 481.80
2004	39 637.85	74 816.00	101 439.14	183 639.42
2005	44 120.90	75 512.50	114 851.07	184 614.57
2006	49 713.90	76 112.50	130 511.77	184 300.95
2007	56 754.58	76 695.00	148 310.71	186 712.83
2008	62 222.70	77 235.00	168 145.67	189 825.33
2009	67 893.10	77 737.50	192 117.25	195 636.72

资料来源：历年《中国统计年鉴》和《中国劳动统计年鉴》。

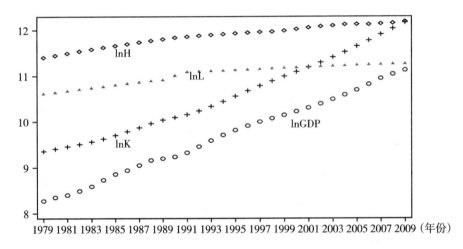

图 4-1　变量对数形式散点图

从图 4-1 可以看出，通过对变量取对数，各时间序列数据更加紧凑，一定程度上平滑了时间趋势，使得数据本身的性质更好，估计的结果更加稳健。在对原始变量取对数后，根据理论模型，本书采用最小二乘法进行估计，估计结果见表 4-2。

表 4 – 2　　　　　　　　　　系数估计结果表

被解释变量	lnY		
解释变量	系数	t 值	P 值
C	– 12. 53482	– 11. 50838	0. 0000
lnH	0. 860990	3. 175597	0. 0037
lnK	0. 680988	21. 70518	0. 000
lnL	0. 434813	1. 985359	0. 0573
R^2	0. 998019		
调整后 R^2	0. 997799		
F 统计量	4 534. 369		
P 值	0. 000000		

根据上面的计量估计系数，构建简易方程式，可以得到如下数学方程式：

$$lnY = 12. 535 + 0. 681lnK + 0. 435lnL + 0. 861lnH \quad (21)$$

从 R^2 值判断，数值非常趋近于 1，说明建立的回归方程拟合程度度较好。各变量的系数均为正，且统计显著。

4.1.2　居民收入与国民经济协调增长区间的确定

由于本书计量模型采用数据对数形式进行回归，因此，回归系数反映的是产出弹性，从回归估计结果来看，资本、劳动和人力资本的产出弹性分别为 0. 681、0. 435、0. 861，三者之和大于 1，这说明改革开放以来我国的经济增长处于规模报酬递增阶段。进一步可以看出，资本平均每增长 1 个百分点可使经济增长 0. 681%；劳动每增长 1 个百分点带动经济增长 0. 435%；人力资本每增长 1 个百分点带动经济增长 0. 861%。

根据上一章新古典理论分析，当生产函数为 CD 生产函数时，生产函数估计得到的各要素产出弹性即为各要素分配的相对份额。在研究中，这种方法为我国著名经济学者白重恩和钱震杰（2009）等广泛采用。借鉴这一方法，我们分别计算了资本产出弹性在资本、土地和劳动产出弹性之和中的比重为34.4%，劳动产出弹性在弹性之和中的比重为22%，人力资本产出弹性比重为43.6%。其中，劳动和人力资本同属于劳动者报酬范围，因此劳动者报酬的相对份额为65.6%。

理论上讲，本书运用新古典理论分析劳动报酬的合理份额应在65.6%，但是如果要将这一标准应用到我国经济实际中，还需要考虑统计口径的差异，参考中国劳动者报酬的现实统计数据进行相应的调整。根据财政部财政科学研究所最近的研究，统计口径在2004年发生了两个重大变化：一是个体经济业主收入从劳动收入变为营业盈余，二是对农业不再计营业盈余。据贾康等（2010）估算，受2004年统计核算方法变化的影响，大约使劳动报酬占比被低估了6.29%。因此，要使这一基本结论与实际统计数据具有一致性和可比性，应在实证测算水平的基础上降低6.29%，即为59%左右。调整后的标准对于居民收入与国民经济协调增长实践具有较好的指导意义。

4.2 实证Ⅱ：基于新剑桥模型

4.2.1 研究设计及实证结果

4.2.1.1 研究设计

根据第3章模型Ⅱ新剑桥理论分析框架，可得均衡经济增长率公式：

$$Y = 1 - \frac{s'(1+f)\rho}{g_{GDP}} \qquad (22)$$

对上式取对数得：

$$\ln g_{GDP} = \ln(1+f) + \ln s' + \ln(\theta+1) + \ln\rho \qquad (23)$$

根据理论模型，设定待检验计量方程。由于本书采取面板数据，因此设定方程为：

$$\ln(1-Y_{it}) = \alpha_0 + \beta_1 \ln g_{it} + \beta_2 \ln(1+f_{it}) + \beta_3 \ln s'_{it} + \beta_4 \ln\rho_{it} + u_{it} \qquad (24)$$

其中，将 g_{GDP} 简化为 g，根据上式所确定的计量方程，本书根据各变量的含义，构建相应的指标见表 4-3。

表 4-3　　　　　　　　　　变量定义

	变量名称	变量描述
因变量	Y_{it}	各省当年居民收入占 GDP 比例
自变量	f_{it}	金融资产与实物资产比例，用各省当年城乡居民储蓄存款余额与名义 GDP 之比代表
	s'_{it}	资本形成率，各省当年资本形成总额与名义 GDP 之比
	ρ_{it}	企业总资产报酬率，用各省当年工业企业总资产贡献率替代
	g_{it}	各省当年名义 GDP 增长率

其中，Y_{it} 是模型的因变量，为各省当年居民收入占 GDP 的比例，通过城乡居民收入与当年 GDP 的数据比值取得，f_{it} 为各省当年储蓄存款时点余额与其当年的 GDP 的比重，s'_{it} 用当年资本形成总额与名义 GDP 之比获得，由于缺乏企业整体的损益表和资产负债表资料，企业总资产报酬率指标 ρ_{it} 用工业企业总资产贡献率替代，g_{it} 为各省名义 GDP 增长率，u_{it} 为随机误差项。

选取 2005 ~ 2009 年中国 26 个省份的相应指标的数据，采用面板数据随机效应模型进行估计。首先对所选取的数据进行统计描述（见表4-4）。

表4-4　　　　　　　　　　变量统计描述表

年度	变量	Y_{it}	s'_{it}	ρ_{it}	f_{it}	g_{it}
2005	均　值	0.4622	50.7769	12.7573	0.7181	0.1728
	方　差	0.0792	10.1840	5.6129	0.1294	0.0378
	最小值	0.349	35.5	6.12	0.488	0.12
	最大值	0.671	78.5	33.5	0.986	0.28
2006	均　值	0.4424	52.1462	13.9919	0.693	0.1783
	方　差	0.0743	9.4632	6.0971	0.1167	0.0350
	最小值	0.327	36.7	7.34	0.459	0.127
	最大值	0.633	74.4	35.65	0.983	0.291
2007	均　值	0.4313	53.0808	15.2227	0.6145	0.2109
	方　差	0.0748	9.2932	4.7934	0.1038	0.0314
	最小值	0.306	35.9	9.27	0.396	0.144
	最大值	0.616	73.8	31.36	0.9	0.299
2008	均　值	0.4164	55.5077	13.9308	0.6405	0.2105
	方　差	0.0746	10.1877	5.3229	0.1170	0.0433
	最小值	0.276	36.3	6.55	0.378	0.144
	最大值	0.576	79.8	33.15	0.964	0.323
2009	均　值	0.4199	60.2615	13.2862	0.7027	0.0957
	方　差	0.0737	12.4229	3.1372	0.1379	0.0370
	最小值	0.268	37.9	7.82	0.402	0.006
	最大值	0.578	96.7	20.49	1.101	0.146

　　从表4-4可以看出，从2005～2009年，居民收入占GDP比重Y_{it}平均水平在逐步上升，同时各省居民收入占比数据离散程度总体上有所下降；资本形成率s'_{it}呈逐年升高的态势，2009年达到

最高，同年各省之间的差距也达到最高，这与当年的经济形势和宏观政策密切相关；工业总资产贡献率 ρ_{it} 均值呈倒 U 形，在 2007 年上升至最高点后，出现下降趋势；金融资产与实物资产比例指标 f_{it} 均值的变化呈 U 形，在 2007 年跌到最低点后，开始连续攀升；名义 GDP 增长率 g_{it} 在 2005～2008 年都保持了快速上升态势，在 2009 年出现了大幅下降。

在考察了各变量的数据变化趋势后，有必要再考察各省（自治区）之间的差别，具体见图 4-2。从图 4-2 中可以看出，我国各省（自治区）居民收入占比呈现较大的差别，农业为主的贵州省居民收入占比处于样本的最高水平，而以资源为主的内蒙古则处于较低水平。在经济发展水平比较接近的中部各省中，湖南处于中游水平，高于湖北、河南，低于江西和安徽。在东部各省中，山东的居民收入占比平均水平最低，浙江平均水平最高。

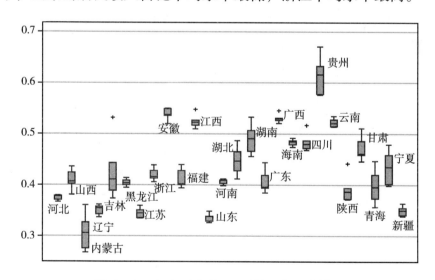

图 4-2　各省（自治区）居民收入比较图

注：其中标出了连续最大值、最小值、75% 分位数、中位数、25% 分位数，及异常值。

4.2.1.2 实证结果分析

在对数据进行了初步的统计后，我们采用面板数据处理方法，使用随机效应模型，对数据进行处理。为了使所构建的模型更具有解释能力，本书分别构建了四个不同的计量模型，在模型1中使用了全部变量，在模型2~4中，分别剔除模型1中不显著的变量，最后对所有模型进行比较，选择最优模型，结果见表4-5。

表4-5   面板数据估计结果

模型\解释变量	模型1	模型2	模型3	模型4
C	0.563 (3.53)	0.54 (3.93)	0.214 (3.9)	0.185 (5.72)
$\ln s'$	-0.36 (-3.36)	-0.349 (-3.59)	-0.33 (-4.14)	-0.231 (-9.35)
$\ln \rho$	-0.017 (-2336)	-0.0043 (-213)		-0.116 (-7.72)
$\ln(1+f)$	-0.001 (-0.6)	-0.0015 (-0.04)	-0.0013 (-0.7)	
$\ln g_{GDP}$	0.0016 (0.35)		-0.009 (-0.37)	0.0075 (1.559)
R^2	0.9165	0.915	0.911	0.997
调整后 R^2	0.86	0.878	0.878	0.997
回归标准误	0.017	0.016	0.016	0.038
F统计量	16.46	25.04	27.4	116
因变量均值	0.616	0.616	0.619	0.616
D. W. 值	1.36	0.06	1	1.38

从估计模型调整后 R^2 值来看，模型 1～4 的调整后 R^2 值逐步增大，表明模型的拟合程度逐渐提高，模型 4 的 R^2 值最大，则表示其拟合程度最好，因此，模型 4 的解释能力优于其他模型，本书选择模型 4 作为标准计量模型。

考察各个变量，在模型 1～3 中，其中表示金融深化的变量 $\ln(1+f)$，其系数的估计 t 值均没能达到显著性要求，因此，可以认为，金融深化对于我国居民收入占比的影响较小，不需要考虑。考察模型 4 中各个变量的估计系数，企业总资产贡献率 ρ 的对数形式 $\ln\rho$ 的估计系数和资本形成率 s' 的对数形式 $\ln s'$ 的估计系数，两者的 t 值均在 5% 水平下显著。

根据面板数据随机效应模型估计结果，得到回归方程如下：

$$\ln(1-Y) = -0.185 + 0.231\ln s' + 0.116\ln\rho - 0.0075\ln g_{GDP}$$

$$(25)$$

实证结果表明，资本形成率 s' 总是居民收入占比的最重要解释变量，工业企业总资产贡献率 ρ 次之。可见，我国储蓄情况、总资产贡献率对居民收入占 GDP 比例的影响比较显著。

4.2.2　居民收入与国民经济协调增长区间的确定

根据前文估计的计量方程模型，本书在对我国未来经济形势进行科学预判的基础上，对资本形成率、工业总资产报酬率、经济增长率三个变量进行合理预测，以此来确定我国居民收入与国民经济协调增长的合理区间。

4.2.2.1　资本形成率预测

资本形成率是资本形成总额与 GDP 的比例，与一国储蓄情况紧密关联。根据罗斯托在《经济增长阶段》中给出的五阶段发展理论，对处于不同阶段的国家进行研究可以发现，处于起飞阶段的国家，其储蓄占比会随着人均收入增加而增加，具有较高的储蓄率水平；而处于发达阶段的国家，其储蓄率会随着人均收入的增加而下降，研究表明，其储蓄率大致维持在 15% ~ 20% 之间。几乎所有发展中国家在向发达国家转变的过程中，都经历过高储蓄阶段，经过 GDP 强劲增长后，储蓄率都将呈现下降趋势，其原因在于人们对未来的收入状况有更好的预期。由于资本形成率在不同时期呈现不同特点，因此，对资本形成率的数据预测，需要综合考虑我国历史情况、世界各国情况和我国未来政策目标等因素。

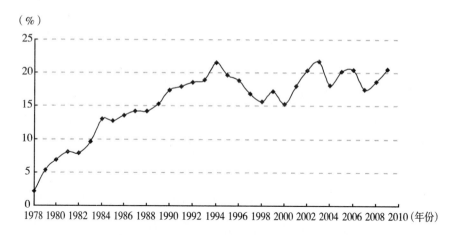

图 4 - 3　我国居民储蓄占 GDP 比重

资料来源：1978 ~ 2006 年数据取自艾春荣、汪伟：2008 年，《中国居民储蓄率的变化及其原因分析》，2006 ~ 2009 年数据根据其计算方法估算得出。

居民储蓄是资本形成的关键。从中国实际情况看，我国一直保持了较高的储蓄率，主要原因有两个方面：一方面，深受儒家传统思想文化的影响，我国居民的消费行为"崇俭黜奢"，形成了一定的认知偏差，消费观念相对保守（叶德珠，2011）。另一方面，受传统计划经济的影响，商品经济发展滞后，居民投资渠道狭窄，投资意识不强，银行存款是居民最主要的资产持有形式。从历史水平看，我国居民储蓄占 GDP 比重自 1978 年改革开放以来呈稳步上升趋势，在全世界处于较高水平，在 1994 年达到 22% 以后，出现了反复，在亚洲金融危机远去，经济逐渐复苏的过程中，这一比例在 2003 年又上升到 22% 左右，随后出现了小幅下降。为应对第二次世界大战后最严重的世界经济危机，我国政府实施了积极的财政政策和宽松的货币政策，因此，2007 年后我国居民储蓄出现了一定幅度下降，但随着我国稳健宏观经济政策的逐步回归，2009 年后，我国居民储蓄占 GDP 的比重有所回升，可以预见，随着经济缓慢复苏，这一比重将会逐步恢复到危机前的水平。

从世界情况来看，根据 IMF 世界经济展望数据，1998～2008 年世界平均储蓄率水平为 22%。从 2009 年世界各国的储蓄率（见图 4 - 4）来看，发达国家的储蓄率存在较大的差异，世界主要经济体美国、英国、法国的储蓄率水平相对较低，这与西方经济消费主导的经济模式有关，瑞典、比利时等中小发达经济体的储蓄率水平较高，这与其高福利政策导向不无关系。

相关研究表明，受当地文化传统的影响，一般东亚国家的储蓄率相对要高于其他地区，呈现较为独特的区域性特征，从图中可以看出，亚洲国家日本、韩国都为发达经济体，其储蓄率依然高居不下，日本达到 24%，韩国达到 30%。日本对我国未来储蓄率的变化具有较大意义，日本经济总量与我国较为接近，金融体系结构侧重间接融资，且日本目前的发展阶段也是我国即将要步入的阶段。

从我国未来政策目标来看，"十二五"规划进一步明确了利率市场的改革，提出了多层次资本市场建设，积极发展直接融资，建立存款保险制度等，这些一定程度将缓解我国储蓄率持续

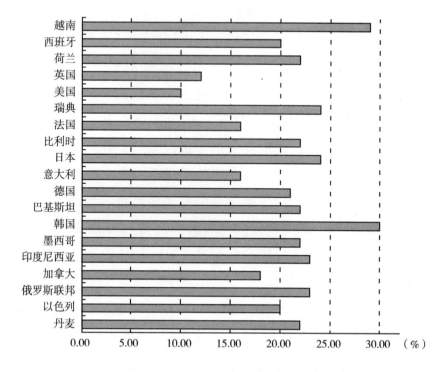

图 4－4　2009 年世界部分国家储蓄率

资料来源：IMF 官方网站统计数据。

上扬的态势。随着我国金融体系结构逐步改善，直接融资比重提高，居民理财渠道多元化，存款将会出现分流，可以预见，我国居民储蓄率还将会经历一个下降的阶段。综上所述，我们认为未来中国资本形成率定为 22% 比较合适。

4.2.2.2　工业总资产报酬率预判

本书根据历年《中国统计年鉴》整理得出 1997～2009 年我国工业年均总资产报酬率，可以看出在 1997 年亚洲金融危机之后，我国工业总资产报酬率一路攀升，从 1997 年 6.9% 上升到 2003 年最高点 14.1%，2007 年后出现微降，2009 年为 13.4%。

工业总资产回报率与宏观经济状况息息相关，2007 年出现的拐点与美国次贷危机及全球经济危机不无关系。从目前经济形势看，全球经济仍然处在第二次世界大战后的低谷，复苏道路困难重重，虽然我国在危机期间的经济增长一枝独秀，但是，我们面临着内外部失衡、增长动力不足、经济增长转方式调结构任务艰难等诸多问题，难以在短期内化解，但可以预期，在世界经济继续疲软的外部环境下，我国经济"软着陆"的概率非常大。

从未来政策目标看，"十二五"规划提出了加快经济增长方式转变，促进经济社会发展与人口资源环境相协调，加快发展服务业，提高信息化水平，加强资源节约和管理，加强环境保护力度。

综合考虑，可以预测，我国工业企业年均总资产报酬率将会继续下降，但基于我国经济基本面良好，下降的幅度不会太大，本书设定为13%。

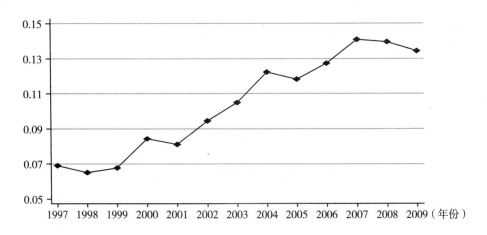

图 4 - 5　我国工业总资产报酬率

资料来源：历年《中国统计年鉴》。

4.2.2.3　GDP 增长率预估

GDP 增长受到很多因素的综合影响。在一个封闭的静态环境里，决定一国经济增长率的主要因素是其资源禀赋及发展政策。其中，资源禀赋既包括自然资源，也包括劳动力、资本和技术，发展政策主要是国家的经济发展战略。在开放的动态环境里，则要受到世界经济发展环境、经济周期、增长潜力等诸多因素的综合影响。正是因为 GDP 增长影响因素的复杂性，要准确预估 GDP 增长率，特别是一个比较长周期的 GDP 增长率是很困难的。为更加科学地预估 GDP 增长率目标，在此只重点分析以下几个相关联的比较指标：

其一，以前年度的 GDP 年均增长指标。通过一个相对长周期的平滑经济增长指标，可以对未来的 GDP 增长率有初步的认识。对周期的选择有几种可以参考，一是改革开放以来的 GDP 增长率。考虑到新中国成立以来时间过长，统计体系有过多次重大变革，数据不可比，以及"文革"等特殊时期因素的综合影响，选取改革开放以来的数据更具有参考性。根据统计，1978 ~ 2010 年中国 GDP 年均增长率达到 9.8%。二是近十年的 GDP 增长率。分析近十年的 GDP 增长率主要是因为都处在一个快速增长的经济周期内，类比度高。2001 ~ 2010 年，中国 GDP 年均增长率达到 10.4%。

其二，未来经济发展规划目标。未来的经济规划是对自身潜力以及外部环境的综合分析。目前，国家及各省都制定了"十二五"规划，对未来五年的 GDP 增长率做出了估计。从全国看，中央制定的"十二五"规划明确的发展目标是 7%。从地方各省市的情况看，则呈分化走势，从总体看，西部地区制定发展目标最高，中部地区其次，东部沿海发达地区制定的目标则较低，但基本上都高于全国 7% 的目标，最快的超过 14%。根据测算，如果"十二五"期间各省市都达到预定目标，全国 GDP 增长将达到约 10.5%。

同时，还要考虑 GDP 增长规划目标与 GDP 实际增长率之间存在一定的差距。以"十五"、"十一五"时期为例，"十五"期间，预期目标为7%，实际年均增长9.8%，相差2.8个百分点；"十一五"期间，我国的规划目标为7.5%，实际年均增长11.2%，相差3.7个百分点。

其三，世界经济增长预期。对世界经济增长预期的判断是很困难的，不同的机构、不同的学者有不同的判断。特别是近年来相继爆发的欧债、美债危机，给未来一段时期世界经济增长蒙上了一层阴影，世界经济增长面临很多的不确定性。应二十国集团（G20）的要求，2010年，IMF 曾经对未来5年全球经济增长做出预测，认为如果发达经济体加大削减预算赤字的力度，新兴经济体采取更多的积极措施促进国内消费，那么未来5年全球经济将可实现2.5%的增长。瑞银在2010年也曾经对全球经济进行展望，认为未来几年全球经济年均增长率将达到3%~4%。

综合以上三个可以比较的指标，我们选取我国 GDP 增长率为8%，主要是考虑以下三个因素：一是全国"十二五"规划目标7%与地方各省市的平均目标10.5%的中值8.75%。二是规划目标与实际增长目标之间的差距中值3.2%。三是考虑世界经济增长的不确定性以及未来中国经济增长更加强调转变方式，科学发展，相应地会更加重视经济增长的质量，下调和控制经济增长速度。

因此，根据上一章阐述的居民收入占比与经济增长在均衡状态下的关系式，将以上数据代入（25）式，我们得到居民收入占 GDP 比重的合理值为53%，即居民收入占 GDP 比例应当维持在53%的合理水平。

4.3 实证估计结果的比较与说明

比较实证Ⅰ和实证Ⅱ估计结果，其结论尚存在一定的差距。根据实证模型Ⅰ的估计结果，经过合理调整后，得出的标准值约为59%；根据实证模型Ⅱ的估计结果，在合理预测各变量的变化的基础上，计算得出居民收入占比理论值约为53%，两者相差大致6个百分点。

差距是由多个因素造成的，概括起来主要有如下几种原因：（1）分析范式与计量模型的差别。实证模型Ⅰ的理论范式为新古典理论，着重考虑资本、劳动力、人力资本在生产过程中的贡献，通过比较这三个投入要素的产出弹性，来确定居民收入在国民经济中占比；实证模型Ⅱ的理论范式为新剑桥理论框架，在此框架下，综合考虑了资本形成率、工业企业总资产回报率、经济增长率等因素对居民收入占比的作用。由于思考范式不同，导致所设定的计量模型也存在很大的差异。（2）估计方法的差别。两个模型的估计方法存在很大的差异，参数估计公式也存在较大差异。实证模型Ⅰ采用了基于时间序列的估计方法；实证模型Ⅱ主要是采用随机效应面板数据的估计方法。（3）样本数据选择的差异。实证模型Ⅰ选择了1979~2009年之间的经济运行数据，时间跨度较长，重点考察整个中国的经济情况；实证Ⅱ选择了2005~2009年度各省的经济运行数据，时期较短，且充分考虑了我国各省的经济情况。样本数据的差异，也导致了估计结果存在偏差。

综上所述，虽然实证Ⅰ和实证Ⅱ的研究结果不完全相同，但是如果考虑到上述种种原因，从两个不同的视角得出的标准值基本趋于一致，这也表明本书的研究结果是稳健的。考虑到居民收入受到多种因素的影响，为了提高居民收入占比界定的科学性与准确性，我们容许居民收入占比存在一定的浮动幅度，因此，我们将未来中国居民收入占 GDP 比例的合理区间确定为53% ～59%。

第 5 章

居民收入与国民经济协调增长的国际经验

　　经济增长只是居民收入增长的必要条件，而非充分条件，并非每个国家的居民收入都能实现与国民经济协调增长，因此对成功经验的总结显得尤为重要。本章在对居民收入与国民经济协调增长国际经验进行比较的基础上，选取美国、日本、韩国等三个国家为典型，重点分析其居民收入与国民经济协调增长的经验，并对这些相关经验进行分析和总结。本书对国际经验的介绍采取点面结合，先整体后个别的方法，有助于我们从世界的、横向的、发展的角度来理解居民收入与国民经济协调增长的基本趋势和规律，对我国的居民收入与国民经济协调增长具有一定的借鉴意义。

5.1　居民收入分配国际比较

5.1.1　居民收入增长国际比较

　　由于各国对居民收入的统计口径不同，对居民收入数据进行国际间横向比较时存在着较大分歧，为使得各国居民收入指标具有可比性，本书计划采用劳动报酬作为居民收入的替代性指标，主要原因有三个：一是劳动报酬是劳动者付出体力或脑力劳动所得的对价，反映了劳动者创造的经济成果，与资本报酬相对应，大多数学者均采用这一指标作为居民收入的替代变量；二是劳动收入与居民收入虽然含义不同，但两者密切相关，居民收入很大一部分是劳动收入，这在我国更为明显；三是劳动收入占 GDP 比重的变化趋势与居民收入占 GDP 比重变化趋势基本一致，国内外的大量研究采用前者作为后者的代理变量。

　　鉴于国内统计口径与国际统计口径之间的差异，为了进行国际比较，我们运用国际口径的收入法对统计数据进行了重新计算。需要说明的是，为了保持口径可比，本书中的国际口径统计数据基本来源于 Undata 数据库，采纳 SNA93 统计标准。

　　我国部门间的收入分配格局与其他国家存在多大差距？为了明确回答这一问题，本书将我国的情况放到国际环境中进行整体比较。在选择参照国家时，遵照两个原则：选取的发达国家，既能体现出差距，也能表明未来发展方向；选取的发展中国家，既体现共性，也突出差异。根据这两个原则，我们选取了 24 个国家，如图 5 - 1 所示。可以看出，这些国家 2007 年劳动者报酬所占的比重，中国、马来西亚、土耳其、墨西哥都在 50% 以下，发达国家均高于 55%，且绝大部分国家在 60% 以上。

　　考察一个较长的时期，我们发现，发达国家劳动报酬占 GDP 的比重远远高于我国（见图 5 - 2）。根据美国经济学家 Gollin（2002）的研究，美国和英国经济在过去 50 年中，劳动收入占 GDP 比重在 65% ~ 80% 之间波动；过去约 50 年间，大部分 OECD 国家的劳动收入占 GDP 比重在 65% ~ 80% 之间（见图 5 - 3）。

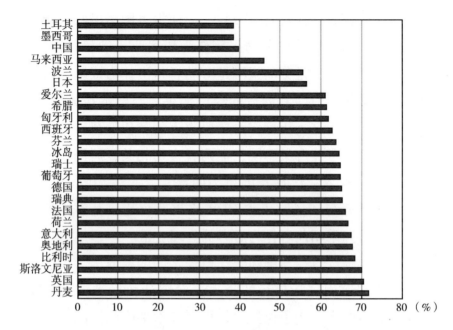

图 5 – 1 劳动收入份额的国际比较（2007 年）

资料来源：世界银行统计数据库。

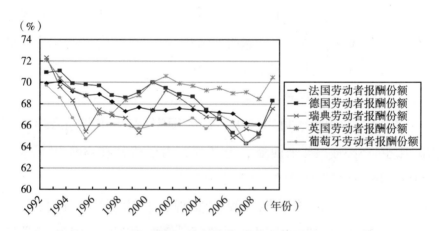

图 5 – 2 发达国家劳动报酬份额比较（1992 ~ 2009）

资料来源：世界银行统计数据库。

英国在 1860 ~ 1984 年的 124 年中，劳动在国民收入分配格局中也始终处于主导地位：劳动收入所占比重由 45% 升至 70%

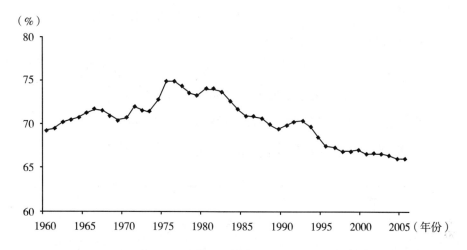

图 5 - 3　14 个 OECD 国家劳动者报酬份额变化（1960 ~ 2006）

资料来源：世界银行统计数据库。

左右；资本要素所占比重由 36% 降至 20% 左右。近 30 年来，劳动收入占比一直比较稳定，在 70% ~ 75% 之间波动，在后工业时代的英国国民收入分配格局中，资本要素收入也始终只占较小的比例。劳动在国民收入分配格局中处于主导地位，主要是由于人力资本提升推动的技术进步在经济增长中起到了更为突出的作用，劳动者收入得以不断增加。

从发达国家居民收入占 GDP 变动的历史趋势看，美国、法国、德国、日本等发达国家在人均 GDP 从 3 000 美元增加到 10 000 美元的发展阶段，劳动者报酬在初次分配中比重均呈现阶梯上升的特征。在人均 GDP 为 3 000 美元时，美国、法国、德国、日本四国劳动者报酬占 GDP 的比重平均为 48.7%；人均 GDP 达到 6 000 美元时，平均比重为 53.1%，提高 4.4 个百分点；当人均 GDP 达到 10 000 美元时，平均比重达到 55.4%，比前期又提高 2.3 个百分点，居民收入与国民经济实现同步增长。

从国际经验来看，一国经济增长只是其居民收入提高的必要条件，而非充分条件，并非每个国家劳动报酬增长都能与国民经济增长始终实现同步，部分国家的劳动报酬在国民经济增长到一定阶段后，不仅没有上升，反而出现下降，落入了"中等收入陷阱"。如墨西哥、马来西亚等国家，在20世纪70年代均进入了中等收入国家行列，但当人均GDP进入到3 000～5 000美元的发展阶段时，劳动报酬占GDP比重呈现明显的下降趋势（见图5-4和图5-5）。

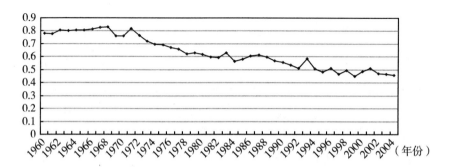

图5-4 马来西亚历年劳动者报酬占GDP比重（1960～2004）

资料来源：世界银行统计数据库。

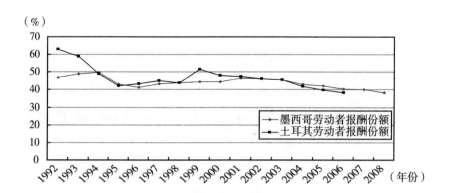

图5-5 土耳其、墨西哥劳动份额比较分析（1992～2008）

资料来源：世界银行统计数据库。

虽然发达国家居民收入占GDP比重较高，但从全球范围来讲，强资本、弱劳动的问题依然突出。随着全球化进程加快，占世界人口绝大多数的发展中国家逐步参与全球分工，劳动力供给增加直接导致劳动占 GDP 份额的下跌。这意味着，资本相对于劳动力的替代弹性相对较低，资本存量的下降难以被增加的劳动所代替，导致了资本回报率的上升超过了资本劳动比例的上升幅度，抑制了劳动回报率的提升。而且，居民收入受经济周期的冲击更大，经济上涨的时候，工资增加的速度比经济上涨的速度要慢，经济下降的时候，工资下降的速度要比经济下降速度快。

5.1.2　居民收入差距国际比较

居民收入差距是衡量收入分配公平程度的重要指标。由于各个国家或地区的生产力水平、经济发展程度、制度安排以及政府政策的差异，其收入分配的状况也必然有所不同。分析与比较各个国家和地区的收入分配差距的演变情况，有助于对我国的居民收入分配状况进行客观、合理的认识和评价，对收入分配政策的制定具有一定的借鉴意义。

基尼系数是用来测量收入分配差距的一个主要指标，其取值范围是从 0 ~ 1，0 表示收入分配绝对平均，即所有的人收入是完全一样的；1 表示绝对不平均，即所有收入或者财产都集中到一个人手里，其他人没有任何收入。所有国家的基尼系数都分布在 0 ~ 1 之间。根据国际经验，一般认为 0.2、0.3 是相对比较公平的收入分配，0.4 是收入分配的警戒线，超过 0.4 表明收入分配差距已经过大，可能带来社会不稳定等一系列问题。

从发达国家来看，美国在过去 50 年中，基尼系数从 0.36 上升到 0.4 以上，英国、德国、法国等西欧国家都在 0.3 左右，其中，法国收入差距从原来的 0.49 下降到 0.32。北欧国家居民收入差距缩小更为显著，20 世纪 50 年代，丹麦、挪威、瑞典、芬兰收入差距都在 0.4 以上，挪威还到了 0.55，经过 50 年变化，都下降到 0.25 左右。在所有发达国家中，北欧国家收入差距是最小的，收入分配相对公平。

从国际视角来看，各国现代化的过程中收入差距与经济增长一般呈现出"倒 U"形关系。在经济开始发展的时候，尤其是在国民人均收入从最低水平上升到中等水平时，收入分配状况趋于恶化，继而随着经济发展，收入分配逐步改善，最后达到比较公平的收入分配状况。从国际经验看，从收入差距扩大到收入差距缩小的这个转折，政府干预起着举足轻重的作用。随着经济发展，一旦劳动力无限供给的特征消失，劳动力出现短缺，那么企业为获取劳动力而提高报酬和改善工作条件的举措，与政府改善民生的意图和再分配政策倾向形成激励相容的关系，必然大大提高政府再分配效率，推进库兹涅茨转折点条件的成熟。具体来说，发达国家主要采取如下几大措施控制和缩小收入差距：

第一，税收手段的运用。利用税收手段调节收入差距是发达国家的普遍做法，且其调节效果比较明显。美国建立起以个人所得税为主体，辅之以遗产税、赠与税、个人财产税、个人消费税、社会保障税的税收调节体系。其中，个人所得税和遗产税实行累进税率，个人应税收入或财产越多，征税比例就越高，对个人收入差距调节力度最大。个人所得税的最高边际税率曾经高达 50%，遗产税的最高边际税率曾经高达 70%。个人财产税、个人消费税、社会保障税实行比例税率，其调节收入分配差距的效果尽管不如个人所得税和遗产税，但同样对收入分配差距具有调节功能。

英国则主要是通过个人所得税、遗产税、社会保障税等税种来调节收入差距。以个人所得税为例，2005～2006 年，10% 最低收入组户均缴税 264 英镑，占其收入的 3%；10% 最高收入组户均缴税 17 553 英镑，占其收入的 20%。可以看出，高收入者纳税较多，低收入者纳税较少。在遗产税和赠与税方面，英国税法规定，遗产税和赠与税合并征收。为防止富人通过提前转移财产逃避遗产税，税法还规定，继承人除了要对死者遗留的财产缴纳遗产税外，还要对死者 7 年内赠与的财产按不同的税率缴纳赠与税。不仅如此，西方主要发达国家对购置豪华住宅、名牌轿车、奢侈品、化妆品，享用高档宴会、高档休闲娱乐以及饲养宠物等都视做高消费，要征收高额的特别消费税。此外，诸如对足球明星、影视明星、私人企业家等高收入人群还要征收"巨富税"，以防止贫富差距过大。

第二，社会保障措施调节。发达国家收入分配的另一手段，是通过社会保障机制进行调节。日本的社会保障体系中包括医疗保险、社会福利、公众卫生、养老金等多种形式。社会保障缴纳的金额视不同的收入阶层而有所差别，高收入阶层缴纳的金额相对要高一些，低收入阶层则相对缴纳得较少。在支付时，由于社会保障属于公有保障的一部分，只支付给处于一定生活水平之下的阶层，从而起到收入再分配的作用。据日本厚生省的调查，经过社会保障调节后的基尼系数大体上比最初所得的基尼系数低 0.1～0.2 个百分点，再分配率在 4% 以上。从年龄差别来看，70 岁以上的人加上社会保障所得后的收入与原始收入相比要大得多。从收入阶层来看，社会保障的再分配状况，最初所得的年收入在 40 万日元以下的收入阶层接受养老金、医疗费、生活保障费等之后，再分配所得收入达到 65 万日元，而最初所得达到 200 万日元的阶层经过社会保障再分配之后收入则不会提高。由此，社会保障制度的收入再分配功能缓解了不同收入阶层之间过大的差距。

德国的社会保障体系主要由社会保险和社会救济以及其他一

些社会福利项目构成，其中社会保险是最主要的部分。德国的社会保险主要包括失业保险、养老保险、事故保险和医疗保险四大部分。失业保险的领取金额大体相当于失业者最后工作净收入的60%，领取失业金的时间一般为一年，最长的领取时间不超过两年。如果超过了领取失业保险金的期限，仍找不到工作，失业者可申请失业救济。失业救济是低于失业金的。德国社会救济的形式有许多种，比如提供咨询和照顾，给予物质或金钱上的帮助等。德国的社会救济不但强调要帮助贫困者能维持一种符合人尊严的生活，更要求通过社会救济使贫困者能借此得到一种生存的本领，或提供一个让其能自食其力并过上正常生活的机会。

第三，财政转移支付调节。区域发展不平衡是社会经济发展中的普遍现象。但在解决这类问题的时候，发达国家的一个共同经验就是十分注重利用财政支持的方式来缓解差距。德国为了促进落后地区的经济发展，实施了包括政策倾斜、资金转移等一系列援助措施。特别值得注意的是，德国还运用平衡财政来进行反贫困。德国的财政平衡包括纵向平衡与横向平衡两个方面。所谓纵向平衡即上下级政府间的财政转移支付，包括联邦对州和州对地方这两个层次。所谓横向平衡是指各州之间实行的财政转移支付，即财力强的州拿出部分税收收入"捐给"财力弱的州。联邦对州的转移支付主要包括：一是返还性转移支付。主要是对某些规模小或拥有重要港口的州实行返还性转移支付，使之有能力每年保养和改造港口。二是补助金。联邦政府每年从销售税中提取20%用做相对贫困州的补助金。三是帮助贫困州和有经济发展需要的州进行投资。"两德"统一后，从1995年至2004年，联邦政府每年向东部地区投资66亿马克，用于改善东部的基础设施及经济结构。四是建立"德国统一基金"。1990年5月，联邦政府为扶植新州发展设立了为期5年、数额1 150亿马克的"德国统一基金"。横向转移支付资金有两种，一种是扣除了划归各州销售税的 25% 后，把余下的 75% 按各州居民人数直接分配给各州；另一种是财力强的州按横向平衡机制将部分税金直接划给财力弱的州。

英国确定财政扶持的标准是失业率，把失业率高于全国平均水平的地区确定为需要援助的地区，然后采取各种措施促进这些地区的开发和发展。英国政府解决地区收入差别的办法是鼓励工人从失业多的地区转移到发达地区。1928 年，英国政府为此专门成立了"工业迁移委员会"，资助失业工人到其他地区工作。截至 1938 年，20 多万工人得到资助。但这并没有从根本上解决总数超过 300 万的失业人口问题。为此，英国政府制定了特别地区法（又称特区法案），开始按照"把工作带给工人"的原则解决区域问题，规定对失业率高的特区进行财政援助，援助资金主要用于基础设施建设，鼓励厂商到特区投资，并通过建立商业区来援助企业。由此，政府的区域开发政策开始由向外迁移到向支持高失业地区内部发展的转变，即把失业者由迁移到发达地区转变为在高失业率地区创造就业机会。此后，英国又通过多个法律来增加就业机会，扶持落后地区经济发展。1984 年，英国政府把区域开发政策调整为：一是将援助分为两类，即发展补助和选择性援助；二是资金补贴，按就业成本和就业规模为企业提供补贴，鼓励劳动密集型企业的发展；三是迁入企业可得到资金补贴；四是给服务业以地区性补贴。英国的区域经济政策取得了一定成效，不仅改善了不发达地区的经济环境，还增强了对资本和熟练劳动力的吸引力以及边缘地区制造业的优势，对英国经济活动的均衡布局和区域失业差异的缩小，均产生了积极影响。

为了更深入地了解各国促进居民收入与国民经济协调增长的政策和措施，下文将选取重点国家，对其居民收入与国民经济协调增长现状和经验进行分析。

5.2 典型国家居民收入与国民经济协调增长路径分析

从前文可知，居民收入与国民经济协调增长是一个全球性的课题，各国对此都在进行积极探索，基于不同的历史和国情，各国在居民收入与国民经济协调增长过程中形成了不同的模式，积累了宝贵的经验。上一节对国际经验进行概括性描述，本节着重选取美国、日本作为发达国家典型，选取韩国作为新兴工业化国家典型，分门别类，详细介绍这些国家实现居民收入与国民经济协调增长的基本路径。

5.2.1 美国居民收入与国民经济协调增长路径分析

5.2.1.1 居民收入增长与国民经济增长同步

我们从一个长周期来考察美国各要素所占份额的变化及其趋势（见表 5 -1），从中得出美国居民收入变动的整体趋势。

表 5 -1　　1870 ~ 1984 年美国以要素成本计算的劳动、资本和业主收入比重　　单位：%

年　份	劳动（1）	资产（2）	业主（3）
1870 和 1880	50.0	23.6	26.4
1880 和 1890	52.5	24.5	23.0
1890 和 1900	50.4	22.3	27.3
1900 ~ 1909	55.0	21.4	23.6
1905 ~ 1914	55.2	21.9	22.9
1910 ~ 1919	53.2	22.6	24.2

续表

年　份	劳动（1）	资产（2）	业主（3）
1915～1924	57.2	21.8	21.0
1920～1929	60.5	21.9	17.6
1925～1934	63.0	21.2	15.8
1930～1939	66.7	17.0	16.3
1935～1944	64.7	18.4	16.9
1940～1949	65.4	17.1	17.5
1950～1954	67.0	17.9	15.1
1955～1959	68.6	18.2	13.2
1960～1964	69.3	18.9	11.8
1965～1969	70.3	19.2	10.5
1970～1974	73.4	16.6	10.0
1975～1979	72.9	17.6	9.5
1980～1984	74.3	18.2	7.5

资料来源：卡米勒·达格穆著，赖德胜等译：《加拿大、美国和英国的要素分配》，载于阿西马科普罗斯编《收入分配理论》，商务印书馆1995年版，第232页。

表5-1显示了1870～1984年，美国每10年以及后来每5年的国民收入中劳动、资产和业主收入的份额。国民收入被分为三个主要收入类型：（1）雇员报酬，包括工资和薪金支出、补充工资和薪金；（2）资产收入，包括租金、公司利润和净利息；（3）业主收入，包括非公司性的农业和非农业经营者收入。为了反映美国功能收入分配变化的连续性和最新动态，董全瑞（2011）按照与表5-1相统一的数据来源计算了1985～2009年美国要素份额（见表5-2）。

表 5 – 2　　　　1985～2009 年美国以要素成本计算的劳动、

资产和业主收入比重　　　　单位：%

年份	劳动（1）	资产（2）	业主（3）
1985	71.9	20.7	7.3
1986	72.3	20.6	7.1
1987	74.6	17.4	8
1988	71.1	20.7	8.1
1989	71.2	20.8	8
1990	74	17.8	8.1
1991	71.6	20.7	7.7
1992	72.1	19.7	8.1
1993	72.1	19.3	8.6
1994	71.7	19.6	8.7
1995	71.4	19.8	8.8
1996	70.5	20.1	9.4
1997	70.3	20.2	9.5
1998	70	20.4	9.6
1999	70.9	19.2	9.9
2000	70.7	19.3	10
2001	74.1	16.7	9.2
2002	75	15.8	9.2
2003	75.6	15.1	9.3
2004	71.7	17.2	11.1
2005	71.7	17.4	10.9
2006	70.6	18.7	10.7
2007	70.5	19.6	9.9
2008	70.8	19.4	9.8
2009	71.6	18.8	9.6

资料来源：董全瑞（2011）根据 U. S. Department of Commerce，Survey of Current Business 相关数据计算。

　　总体来看，美国劳动报酬占比出现了先上升后稳定的态势。在19世纪的最后30年中，国民收入中劳动份额大约稳定在50%。从20世纪头10年开始，劳动收入开始持续增长，在大萧条时期，劳动份额发生重大飞跃，1930～1939年达到了创纪录的66.7%，但30年代后期和40年代前期经济扩张活动部分地缓解了这一飞跃。第二次世界大战后劳动份额呈现出一种递增趋势。从1940～1949年的65.4%上升到1980～1984年的74.3%。在1985～2009年间，劳动份额都稳定在70%～75.6%之间。由此可见，劳动报酬稳步上升并占主体地位是美国功能收入分配的重要特征，劳动报酬增长与国民经济增长在长期上实现了同步。

　　美国主要通过从以下几个方面采取措施确保美国居民收入的提高：一是建立了劳动收入与企业利润挂钩的机制。美国的企业利润上升了，劳动收入也一定要上升，二者是相辅相成的。美国在这方面的制度安排主要体现在制定相关法律保护工人权益，建立起代表劳工权益的工会。如果企业利润增长很快，而劳动收入却没有相应增长的时候，工会就与资方进行谈判，提出要求适当提高劳动收入。二是灵活运用货币政策和财政政策，发挥政府宏观调控的作用。私人经济在美国经济中占据绝对支配地位，市场机制成为经济的主导调节机制。只有当市场调节失灵时，政府才通过财政、货币、收入等政策对经济实施短期调节。20世纪30年代，世界经济萧条，美国实行了"罗斯福新政"，实施国家干预政策，并运用财政政策、货币政策刺激总需求，通过减税和增加政府支出以及转移支付等举措，刺激投资和消费，创造了大量工作岗位，实现了充分就业，增加了美国居民收入。

5.2.1.2　缩小居民收入差距促进国民经济协调增长

　　从20世纪60年代开始，美国逐步从工业化阶段进入以信息技术和知识革命为特征的后工业化时代。20 世纪 70 年代初，美国收入差距扩大的现象再次出现，并在 80 年代以后有加速发展的趋势。有数据显示，从 1970 年到 1990 年，收入低于贫困线的全日制劳动者比例从 11% 上升到 18%，收入差距持续扩大。基尼系数从 1970 年为 0.39 逐步扩大到 1980 年 0.40，再到 1990 年的 0.43。导致美国这一时期收入差距扩大的主要原因是工资水平的结构性变化。由于技术进步、产业结构的演进以及日益加剧的国际竞争，劳动力市场对受教育者和熟练劳动者的需求加大，拥有不同受教育水平与工作经验的劳动者之间的工资差距逐步扩大。为缩小居民收入差距，美国及时调节社会分配制度，主要体现在以下三个方面。

其一，完善税收制度，加强对高收入阶层的税收征管，以确保社会分配公平。美国税收制度，主要是采用合理的个人所得税累进税率，所得税是财政收入的主要构成部分。1981 年，在美国政府的年度财政总收入中，有 45% 来自个人所得税，12% 来自公司所得税，这种税收制度可通过向富人多征税，然后再分配给穷人。美国的社会福利资金主要来自两项税收：一是联邦社会安全保险税，二是州伤残保险税。联邦社会安全保险税的税率是个人所得薪金总额的 6.56%，个人所属的企业或机关也要相应地缴纳 6.56%，也就是说联邦政府向个人及其雇主按月收取相当于个人薪金 13.12% 的社会安全福利税；而各州伤残保险税的税率为个人薪金总额的 0.6%。从中可以看出，美国税收制度强调资方的社会责任，强调税收的公平性，倾向于对低收入劳工进行保护。

其二，美国政府通过建立和完善社会保障制度来扶持社会弱势群体，并向他们提供基本的收入、医疗、住房等方面的福利，以此来减少居民收入的实际差距。美国的社会安全福利制度创建于 1935 年，通过不断完善，该制度已经成为一个由社会保险、

社会救济和社会福利三部分组成的完备的保障体系。美国的社会
保障制度包括提供失业救助、社会安全福利金、退休金、医疗服
务、残疾保险、住房补贴、低收入家庭子女津贴和学生营养补助
等，覆盖面很广。这些福利制度可以对退休的老年人和残疾人提
供有力的生活保障。此外，美国还采取了以下三项再分配制度：
一是福利计划制度。福利计划的资金来自联邦和州政府的拨款，
由州和地方政府管理和执行。二是社会保险制度。这是一项强制
性的存款计划，目标是将一定数量的收入储蓄起来以便在退休以
后使用。三是失业补偿制度。在经济萧条时期，由有效需求引起
的非自愿失业工人都可得到失业补贴，其资金来自就业时的收
入。任何人失业后都可以申请失业救济，通常可确保一定时期内
的生活无忧。政府还为此专门拨款对失业者进行技能培训，以使
其能重新就业。

其三，美国政府通过建立健全立法制度来保护社会弱势群
体，缩小居民收入差距。国家立法对劳动环境和劳工标准的可控
制层面加以控制，以平衡财产权和劳动权。1914 年的《克莱顿
法》被称为"劳工大宪章"，其目的是使劳工免受反托拉斯法的
迫害。到 1935 年，有 2/3 的州制定和颁布了工资支付法。1935
年的《国家劳资关系法》是最重要的劳动立法。它规定雇员有权
参加劳工组织，进行集体协议和参加统一行动。美国还鼓励工资
的合理性，干涉工资制定程序，确保工人得到适当的报酬。1938
年出台的《公平劳动法案》禁止使用童工，要求对每周 40 小时
以上的工作付给原工资 1.5 倍的报酬。另外，实行最低工资标
准。国家为防止雇主把工资压低到劳动力价值以下，于 1938 年
规定了大多数非农业劳工的联邦最低工资，要求企业支付给某些
工人的工资不得少于每小时 0.25 美元，最低工资后来逐步上升，
1955 年为每小时 0.75 美元，1975 年为每小时 2.10 美元，1995

年为每小时 4.25 美元，2009 年为每小时 7.25 美元。在美国对《最低工资法》有很强的监督措施，一旦发现雇主违法就要受到严重的处罚。在政府看来，设置最低工资的主要目标是促进体面就业和减少工人的贫困，虽然对最低工资存在争议，但其明显的好处有两点：一是这一指标操作性比较强，二是减少雇主对工资控制的有效措施。

除此之外，美国众多的教会和各类慈善团体也在缩小居民差距方面起到了对政府救济补充的作用。由于政府通过税收减免等政策来鼓励富人捐献，因此，美国的社会慈善事业比较发达，慈善捐赠也很普遍，对救济低收入人群和稳定社会起到了一定作用。

5.2.2　日本居民收入与国民经济协调增长路径分析

5.2.2.1　居民收入增长与国民经济增长同步

日本劳动者报酬占 GDP 的比重是从 20 世纪 60 年代末期开始才有非常显著的上升。1960 年前后日本已经走过了刘易斯拐点，但是工资增长率直到 60 年代末期才高于 GDP 增长率（见图 5-6）。其原因可能在于，20 世纪 60 年代末，日本劳动生产效率经历过一段非常显著的加速，以及日本政府在这段时间采取了收入倍增计划。

日本在 1961~1970 年间实施了"国民收入倍增计划"，其具体目标是在 10 年内实现国民生产总值及人均国民收入增长 1 倍以上。第二次世界大战结束后的十年间，日本经济模式是压低民间消费需求，加快资本积累，普遍实行以低成本制造和扩大出口为特征的粗放型增长。但是到了 20 世纪 50 年代，日本出现了总需求疲软、失业率开始上升等经济问题，"压缩需求，发展出口"的经济发展模式已经行不通了。为了尽快启动消费，日本在 20

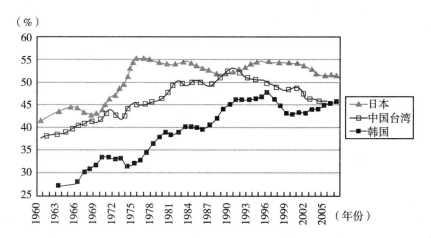

图5－6 日本、韩国及中国台湾劳动者报酬占 GDP 比重（1960～2005）
资料来源：世界银行统计数据库。

世纪60年代制定"国民收入十年倍增计划"。当时，日本政府决定制定政策提高农民和劳动者的收入，增加劳动者收入的措施包括：一是提高农产品收购价格。日本大米价格从1960年到1969年提高了95%，日本与美国相比，1968年大米价格是美国的2.7倍。同时也相应提高了农业生产资料价格，同期约上涨30%。此外，通过普及机械化，提高生产效率，提高农民人均粮食产量，使农民收入有了很大增加。二是提高劳动者收入。日本政府制定了最低工资标准，并限制企业内部工资差距，将最高工资与最低工资之间的倍数严格限制在6～8倍；强化企业内工会的作用，以提高劳动者在劳资双方的谈判地位，最终在劳资双方达到了较为合理均衡点，形成了科学的工资决策机制。从而使1970年平均收入达到1961年的2.7倍，收入差距也逐步缩小。三是促进消费。通过提高劳动力的教育素质及推动技术进步，使商品价格与劳动者收入比较匹配，还配套出台消费信贷政策，促进商品销售。10年间，日本人均消费支出年均增加16%，大大超过其他国家。四是加大投资力度。国家采用高折旧政策，减少收税，促进企业加快设备更新，增加固定资产投资；国家制定法人累进所得税制，为中小企业留下生存空间。

日本收入倍增计划兼顾了效率与公平。从公平角度考察，日本"国民收入倍增计划"实施的结果是劳动收入比重的上升和居民收入差距的下降，日本劳动收入比重在第二次世界大战后出现了下降，20世纪60年代后，劳动收入比重持续上升，70年代末达到80%左右，基尼系数同步下降；从效率角度考察，日本实际国民生产总值和实际人均国民收入在7年内都实现了翻番，日本经济的增长与居民收入的增加和收入差距缩小密切相关，一是收入平等化促进了社会稳定和民主化，进而促进了私人投资，提高了劳动生产率；二是国民收入倍增计划增加了居民收入和消费，扩大了总需求，促进了经济增长。

5.2.2.2 缩小居民收入差距促进国民经济协调增长

日本是一个后起的工业化国家，在发达国家中，日本用较短时间跨越了人均GDP为1 000～3 000美元的发展阶段，这主要归结于20世纪60年代初至70年代初日本经济的高速发展。据统计，这阶段日本年均经济增长率超过10%。在其经济增长和工业化过程中，收入差距的变化同样经历了先扩大、再缩小的过程。在第二次世界大战以前，日本的收入不平等程度很高，据统计，1940年基尼系数在0.6左右。第二次世界大战后，日本采取了土地改革等措施，促进经济结构的转变，快速跨越"刘易斯拐点"，收入分配的不平等程度逐年下降。同时，第二次世界大战后日本的税收与社会保障制度改革在很大程度上从再分配层面上调节了收入分配，使收入不平等程度得到改善。因此，日本基尼系数逐渐下降，1962年的基尼系数为0.382，到1974年基尼系数下降到0.344。在高增长阶段即20世纪80年代的时候，其收入分配的不平等程度继续下降。

日本缩小收入差距的政策措施，主要可归结为三个方面：一是企业强调收入均衡。日本企业分配制度是以企业的终身雇佣制为基础的，具有以下几个显著特点：首先是工资制度，即按工龄设置工资等级的制度，工龄越长、工资越高；其次是较为完善的津贴福利分配制度。二是相对较低的管理层报酬制度。和美国、欧洲相比，日本的管理层报酬较低，同等规模的企业经理人员的收入大体上为美国、欧洲经理人员收入的一半。三是限制分红的股利分配制度，同美国相比，日本的股利支付率一般要低 30%。

日本的企业分配制度也是在改革中不断得到完善的。经历了 90 年代的经济衰退，日本社会要求对收入分配制度进行相应的改革，以进一步激励员工的积极性。其改革主要有：一是引进员工持股计划。通过企业员工持股计划的实施，进一步增强员工对企业的责任感和凝聚力，以利于企业的更快发展。二是开始重视股东利益。日本企业都适当增加了股利分配的额度，以减少股东在经济衰退中的利益损失，刺激股东对企业投资的积极性。三是改革年功序列工资制度。为鼓励人才尤其是年轻人才创新能力的发挥，日本多数企业对传统的年功序列工资制度进行了改革，采取了更具竞争性的工资制度。但总体来说，日本的企业分配制度相对欧美国家来讲，更加强调员工利益及其收入分配的均衡。

从税收调节贫富差距来看，日本政府重视运用税收手段对收入分配关系进行调节。日本的税收制度与欧美等西方国家比较既有相同之处，也有本国的特点，从中可以看到，一个适应本国国情的税收制度对合理的收入分配关系的形成具有重要的调节作用。日本的税收制度包括固定资产税、住民税、收入税及其他税。就个人所得税而言，政府基于不同的税收承受能力设置了不同的税率：对于低收入阶层视其家庭结构、家庭人数设立最低征税额，收入在一定金额之下可以免税，而对高收入阶层实行累进制税率。1978 年年收入在 400 万日元以上的占总人数的 13.5%，但税收比率达到 52.5%。第二次世界大战后的日本税制有三个明显特点：一是税制结构以直接税为主体，所得税和法人税为核心税种；二是税负较轻；三是强调中央财政作用，兼顾地方利益。从税收对收入分配的调节作用看，日本的税收作用比较突出地体现在两个方面：第一，个人所得税对有效调节收入分配关系、提高公平分配水平起到至关重要的作用。尽管在日本所得税的地位没有美国的突出，但对日本个人收入分配关系的调节已经起到了重要的作用。第二，国税和地方税的划分，突出中央地位，兼顾地方利益。日本在各级政府之间财力分配中比较注重中央财政的地位，同时通过中央财政补助的形式帮助地方政府。所得税和法人税等二十多个在税收中收入比重大、征收范围广的税种都纳入了国税之中，因此保证了中央政府能够掌握财政收入的大部分，并为中央政府对社会经济活动加以调节提供了方便。

日本政府调节收入分配关系的另一重要手段是社会保障制度。日本社会保障制度保护的重点人群是老年人和其他弱势群体。日本社会保障体系中包括公共援助、医疗保险、社会福利、公众卫生、养老金等社会保障，还有针对工伤、残疾人士及失业人员的社会保障内容，社会保障实现了制度化，社会保障水平也在不断提高。总的来说，日本社会保障制度对缩小收入差距、调节收入分配关系发挥了重要的作用，有许多可以借鉴的地方。

一是重视社会保障的立法，使社会保障制度化、法制化。早在 1874 年，日本就制定并颁布了《恤救规则》，第二次世界大战后为了重新建立使国民生活稳定的社会保障制度，日本政府先后颁布并实施了《生活保护法》、《儿童福利法》、《残疾人福利法》、《新生活保护法》及《失业保险法》、《工伤保险法》、《职业安定法》等诸多法令。

二是社会保障金支付和负担比率设计相对公平，实行全民共同负担，同时又注意区分不同收入阶层的支付能力。日本社会保障金的支付由个人、企业或社会、政府共同负担，如在医疗保险费的支付上，国民健康险由税收、受保人缴费和政府补贴构成，同时，在社保金缴费率上根据收入水平高低而有所差别，税率和受保人缴费率由地方政府根据受保人收入确定，高收入阶层缴纳金额相对较高，低收入阶层缴纳金额相对较低。

三是在社会保障品种设置上覆盖社会所有人群，尤其重视对社会弱势群体的保护。以医疗保险制度为例，日本医疗保险以健康保险和国民健康险两部分组成，健康保险以雇佣劳动者为对象，国民健康险则以雇佣劳动者以外的其他人员为对象，通常是农林渔业者、个体劳动者和无固定职业者，尤以低收入者和中老年人居多，而且只要户主加入，全家均可享受医疗保险。这里需要特别提到的是，日本非常重视农村社会保障制度的建设，从20世纪30年代就已开始起步，迄今为止已形成了覆盖全体农村劳动者、项目齐全的农村社会保障体系，实现了"国民皆保，国民皆年金"，起到了收入再分配的作用。

5.2.3　韩国居民收入与国民经济协调增长路径分析

5.2.3.1　居民收入增长与国民经济增长同步

第二次世界大战后，在政府主导下，韩国连续实施七个"五年计划"，全面促进经济发展，在外向型出口导向战略的引导下，韩国经济经历了一个较长期的高速增长，创造了举世瞩目的"汉江奇迹"（许亮，2005）。人均 GDP 从 1960 年的 253 美元增加到1997 年的 10 000 美元，GDP 总量在 2007 年突破 1 万亿美元，虽然受全球经济危机影响，经济增速一度回落，但在 2010 年，韩国经济强劲复苏，GDP 达到 1.002 万亿美元，实际经济增长率为6.1%，世界排名第十三位（萧然，2010）。在经济持续高速增长的同时，韩国居民收入也逐步提高，据统计，从 1970 年到 1997年间，韩国人均实际工资年均增长率超过 8%，人均国民收入也从 1963 年仅 83 美元发展到 1996 年突破 1 万美元，继 2007 年人均国民收入首次超过 2 万美元后，在 2010 年达到 20 500 美元。韩国居民收入与国民经济同步增长可以分为战后恢复时期、出口繁荣时期、经济政策和经济结构调整时期、经济重振时期等四个阶段（袁世升，1998）。

（1）战后恢复时期（1953~1960 年）。这一时期，韩国政策重点集中在恢复工业生产和提高民众生活水平上。1956 年韩国在国际援助下基本恢复了全国基础工业设施，经济连续两年快速增长，后期由于通货膨胀、自然灾害等原因经济出现回落。这一时期，韩国经济总体上增长缓慢，年均经济增长率为 4%，国民生产总值从 14 亿美元增加到 19 亿美元。1957~1960 年，产业工人月均工资为 2 500 韩元左右，按当时汇率折算约为 40~50 美元，但由于这一时期通货膨胀较为严重，韩国居民收入仍处于较低水平，增长比较缓慢。

（2）出口繁荣时期（1960~1979 年）。这一时期，韩国的政策重点集中于积极发展劳动密集型替代进口轻工业，大力拓展国际贸易。韩国开始实施一系列"五年计划"，调整汇率，加大原材料进口，有步骤地发展重工业和化学工业。这个时期，韩国经济发展较快，年均经济增长率超过 8%，GNP 从 30 亿美元增加到 616 亿美元，其中出口额从 0.5 亿美元增加到 150.8 亿美元，人均 GNP 从 105 美元增加到 1 647 美元。这一时期，虽然韩国存在产业发展不平衡，通货膨胀等各种问题，但总体上来说，这一时期是韩国经济发展的黄金时期。这一时期，韩国居民收入有了较大幅度的提高，工人工资名义年均增长率高达 24%，扣除物价因素，实际年均增长率仍超过 10%。这段时间韩国居民收入变化较为显著，1961～1966 年，居民工资收入由于高通胀基本处于停滞状态，1967～1969 年，外向型经济初显成效，实际工资增长率高达 12%、15.8%、22.3%，均大大高于同期实际生产率增长幅度。20 世纪 70 年代初，由于出口竞争加剧，经济出现下滑，工人工资增速一度减缓。但随着韩国产业结构调整，向重工业和化学工业发展，经济得以恢复，居民收入也随之出现大幅增长。1973 年实际工资增长率 14.7%，高于经济增长率 12.6%，1976年、1977 年、1978 年工资实际增长率分别达到 20.1%，21.8%和 20.6%，大大超过同期 4.4%，4.2% 和 5.4% 的劳动生产率的增长幅度，1979 年韩国制造业工人工资达到 2 860 美元，比 1970年翻了近 6 番。

　　（3）经济政策和经济结构调整时期（1980～1997 年）。这一时期，韩国经济政策的重点是提高经济增长的稳定性和均衡性，逐步由政府主导型向民间主导型过渡。由于通货紧缩政策对物价稳定发挥了作用，加之国际油价在 1986 年走低，韩国经济发展迅猛，之后连续三年的增长率超过 12%。当油价、利率、汇率优势消失后，韩国政府适时扩大居民住宅建设，增加投资，促进了经济发展。1993 年，韩国政府出台了"新经济五年计划"，实施金融改革，放松投资限制，韩国经济增长加快。1995 年经济增长率为 8.9%，人均 GNP 突破 1 万美元。

这一时期，由于经济调整，物价稳定，劳动生产率增长与职工工资增长更加趋于合理。1982～1987年，制造业工人实际工资收入年均增长率为7.5%，1987年，在政治民主化的推动下，各劳工组织举行罢工，要求增加工资，之后连续三年，韩国制造业工人工资大幅增长，增长率为19.6%、25.1%和20.2%，1990年韩国制造业工人工资突破1万美元，1996年全行业工人年平均工资2.04万美元。

（4）经济重振时期（1997年至今）。韩国经济在1997年亚洲金融危机后，出现了较大幅度的下降，这一时期，韩国经济政策的重点是对大企业进行改革，重整金融业，对公共劳动部门进行全面改革。韩国经济迅速走出低谷，1999年达到4 067亿美元，比上年增长10.7%，人均国民收入比上年增加了27.3%，达到8 581美元。此后，韩国经济进入重振时期，2007年，韩国人均GDP首次超越2万美元，达到高收入发达国家行列。

金融危机期间，韩国居民收入出现下降，收入差距一度出现扩大趋势，在金融危机爆发之前，韩国基尼系数一直维持在0.38左右，1998年起，基尼系数显著上升，1999年第一季度达到0.43。经过韩国政府加大对农业部门投资，大力发展服务业，增加就业水平，2010年韩国基尼系数回落到0.31，韩国的相对贫困率，即收入只有中产阶级一半以下的家庭占比，降至14.9%。

5.2.3.2 缩小居民收入差距促进国民经济协调增长

韩国经济的腾飞，为韩国居民收入水平的提高奠定了坚实的基础，而韩国政府在经济发展进程中，进行了一系列旨在促进社会公平的改革，有效缩小居民收入差距，进一步促进了韩国国民经济增长。

（1）推行土地改革，平均地权。1945～1950年，韩国政府对日本殖民者及旧地主的土地进行了一次彻底的再分配，严格控制人均占有土地面积不得超过 3 公顷，按年产出的 1.5 倍对旧地主进行补偿。土地改革是农业社会一项最重要的财富再分配政策，改变了韩国农村社会结构，佃农比例大大减少，保证了韩国民众在经济发展过程中具有大致均等的初始条件。

（2）实施出口导向战略，加速劳动力向工业部门转移。韩国通过实施"五年计划"，投资基础设施建设，使韩国经济具有较为有利的环境。同时，在出口战略的指导思想下，韩国大力发展劳动密集型经济，扩大消费品出口，为广大低收入群体创造了大量的就业机会，减少了贫困。在韩国经济结构升级，向重化工业升级的同时，韩国第三产业发展迅速，创造了大量就业岗位。这一时期，韩国产业结构升级，加快了劳动力从农业部门向工业部门的转移，由于韩国人口较少，劳动力短缺，实际工资年增长率处于较高水平，居民收入水平提高较快。

（3）重视人力资本投资，优化劳动力结构。一方面，韩国政府大力发展"公共教育"，提高教育公平程度；另一方面，韩国政府促进企业"干中学"，增加在职工人的收入，缩小不同教育水平之间的工资差距。在韩国政府的积极推动下，韩国人力资本投资取得了长足进步，据统计，从 1945 年至 1989 年，高中和职业学校的入学比例从 28.3% 提高到 74.5%，大学入学比例从 11.3% 提高到 28.9%。1967~1990 年间，韩国对 1 600 万名员工进行了职业培训。

（4）开展"新农村运动"，有效减小城乡差距。在韩国发展之初，人为压低农产品价格为工业提供积累，城乡差距不断扩大。20 世纪 60 年代末，韩国政府大幅提高粮食收购价格，支持改良品种，使用先进技术，同时，启动了"新农村运动"，将政府一半的投资分配到农村地区，集中于基础设施、公共卫生、环境保护等方面，提高了农村生产率，增加了农民收入，缩小了城乡差距。

5.3 国际经验总结及对中国的启示

5.3.1 国际经验总结

从世界经验来看，能够切实有效地提高劳动者报酬占比，促进居民收入与国民经济协调增长的主要措施包括：

一是工资集体谈判。工资集体谈判制产生于 18 世纪末的美国，是协调劳资冲突的产物。工资集体谈判制是指通过企业（雇主）与工会（工人）之间的谈判来决定工人工资的一种工资决定方式。这一分配制度到 20 世纪 30 年代最终确立，确立的标志是美国政府制定了最低工资法及有关劳资关系法，工资集体谈判受到国家法律的保护和约束。第二次世界大战后，几乎所有资本主义国家的企业都推行劳资谈判工资制，并由政府法律予以确定，使之成为当代西方通行的初次收入分配决定制度。工资集体谈判制的实质在于通过相对平等的劳资集体谈判，使工人能够分享到劳动效益提高和利润增长的成果。这一制度创新印证了劳动力作为人力资本对收入分配的要求，反映了分享经济理论揭示的经济效应。其意义在于：从企业来说，有利于增进工人的劳动积极性，从而有利于提高企业劳动生产率，有利于使雇主和工人之间的利益冲突得到协调；从社会来说，集体谈判以"协议"方式规范了劳资双方行为，使劳资矛盾这一资本主义社会根本矛盾的激化程度下降到最低点，从而减少了社会震荡；从分配本身来说，工资由劳动力市场上供求双方即劳资双方共同决定，这符合市场经济的客观要求，使分配相对合理。

二是最低工资法。以法律形式规定最低工资，最大限度地保护了劳动者的利益。最低工资的计算方法常用的有两种：一种是比重法。即根据城镇居民家计调查资料，确定一定比例的最低人均收入户为贫困户，统计出贫困户的人均生活费用支出水平，乘以每一就业者的赡养系数，再加上一个调整数。另一种是恩格尔系数法。即根据国家营养学会提供的年度标准食物谱及标准食物摄取量，结合标准食物的市场价格，计算出最低食物支出标准，除以恩格尔系数，得出最低生活费用标准，再乘以每一就业者的赡养系数，再加上一个调整数。以上方法计算出月最低工资标准后，再考虑职工个人缴纳社会保险费、住房公积金、职工平均工资水平、社会救济金和失业保险金标准、就业状况、经济发展水平等进行必要的修正。

三是分享制与职工持股计划。在利润分享制中，工人在固定工资以外，按照事先决定的比例奖金的形式分配利润的一部分。职工持股计划则是 20 世纪 70 年代西方经济进入滞胀阶段而产生的一种新的产权组织形式和新的收入分配制度形式。职工持股计划包括企业职工拥有该企业部分产权或全部产权。尽管职工股份制是通过产权的重新分配来达到企业收入的重新分配，分享制是在原所有制不变的前提下实现劳动报酬的重新分配，两者有区别，但是在职工股份制企业中职工以股息形式分享部分利润，因此有的西方经济学家从"分享利润"的意义上，把职工股份制归为分享制的一种形式。

四是股票期权计划的推行。经理股票期权计划在美国公司蓬勃兴起，并扩散到其他西方国家。在发达的市场经济国家中，企业薪酬的形式通常由基本工资、奖金、福利计划和股权激励组成。从薪酬制度的演变过程来看，20 世纪七八十年代，美国公司高级管理人员的薪酬由基本工资、奖金和福利组成，90 年代以来，股权计划这一长期激励机制在经理薪酬结构中日益扮演着重要的角色。股票期权是公司给予经营者在某一时期、某一固定价格购买本公司股票的权利。若公司经营状况良好，股价上涨，经营者行使购股权便能获得可观的资本收益；反之，则只能放弃这一权利。这种机制有利于激励经理人努力改进公司的经营管理。同时，经理期权计划也从美国公司扩散到其他西方国家企业。在欧洲，许多企业通过引入这一计划，以灵活的薪酬分配机制吸引优秀人才。日本企业也开始引入股票期权计划，开始向高级管理人员提供股票期权，以试图解决企业长期崇尚均等薪酬而导致的企业低效益问题。

五是政府不断调整财政税收政策。美国联邦政府主要依靠所得税，州政府主要依靠消费税，地方政府主要依靠财产税。德国税收收入分配制度比较完善和稳定，各级政府的税收收入划分为专享税和共享税，其主要特点是：共享税是主体。共享税包括个人所得税、公司所得税、增值税、营业税等几个重要税种。共享税收入占全部税收收入 70% 以上。专享税都是一些次要税种，联邦政府主要有关税，州政府主要有财产税，地方政府主要有土地税等。

六是建立社会保障制度。欧洲在第二次世界大战后经历了近 20 年经济持续高速增长，同时，社会党人在一些欧洲国家长期执政，执行了高社会福利政策，于是福利国家的社会观念和实践政策广泛流行。北欧和西欧一些国家的社会保障制度趋于成熟，形成欧洲"福利国家"模式。1935 年美国国会通过的社会保障法，目的是要建立一个由联邦政府承担义务的老年和失业问题的保障系统。社会保障制度所起的积极作用成为 20 世纪社会进步的重要标志，使之真正成为社会稳定的基础。

5.3.2　国际经验对我国的启示

从上述分析可以看出，发达国家劳动收入占 GDP 比重一般在 65%～80% 之间波动，劳动在国民收入分配格局中始终处于主导地位。为什么在我国的初次分配中资本所占比重一直上升？有两个原因：一是生产率的提升得益于资本生产率的提升而非劳动生产率的提升，因此初次分配中资本占比自然增加；二是我国正处于工业化中期阶段，在这样一个工业化阶段，资本收入占比的提升是必然的，我国劳动力特别是低素质劳动力仍占劳动力较大比重的现实，决定了资本相对于劳动力必然处于强势地位。资本相对于劳动处于强势地位，实际上剥夺了劳动率提升应得的那部分收入。另外，同经济增长收敛问题一样，劳动报酬占 GDP 的比重随着人均 GDP 的增长也同样呈现出多样性。每个国家在工业化过程中，也并非像"卡尔多事实"所描述的经济特征：增长率稳定、资本产出比率稳定、资本收入占 GDP 比重稳定、实际利率稳定。资本收入的增加必须相伴着劳动生产力素质也就是人力资本的提升，没有人力资本的提升，资本必然会相对于劳动处于强势地位，从而导致劳动报酬占比的不断下降。因此，我国必须采取积极措施进行人力资本积累，加大人力资本投入。

从前面的分析可知，基尼系数表明我国贫富差距正在逼近社会容忍的"红线"。对我国的基尼系数目前各机构认识不一，被学界普遍认可的是世界银行测算的 0.47。我国基尼系数在 10 年前越过国际公认警戒线 0.4 后仍在逐年攀升，2008 年达到 0.47，贫富差距已突破合理界限。无论是城乡之间、城乡内部，还是行业之间、地区之间，居民收入差距均呈扩大趋势，低收入群体增收难度较大。2008 年，城镇居民基尼系数为 0.34，农村居民为

0.38，分别比2000年提高0.02和0.03。城镇居民人均可支配收入与农民人均纯收入之比从2000年的2.79∶1扩大到2008年的3.31∶1，绝对差距已经超过1.1万元。就业人员的收入差距也在扩大，2000～2008年，在城镇职工中，国有单位、集体单位、其他单位职工实际工资分别增长1.75倍、1.48倍和1.18倍；行业门类间的工资差距由2000年的2.60倍扩大到2007年的4.46倍；2008年证券和纺织两大行业的职工平均工资之比达到创纪录的10.6倍。低收入群体收入增幅放缓，2000～2008年，城乡低收入家庭人均收入分别增长90%和64%，明显低于城乡居民人均收入151%和111%的增幅。

当前，我国收入分配格局存在劳动者报酬在初次分配中占比偏低、收入分配不公平、公共服务支出在政府总支出中占比偏低三大突出问题。这些问题归结起来，确有要素禀赋、发展阶段、国际分工格局等方面的原因，但体制性弊端是根本原因。一方面，初次分配过于"亲资本"，劳动者报酬占比总体偏低，而且行业间差别过大，居民没钱花；另一方面，二次分配力度不足，政府公共服务和社会安全网不健全，使得居民有钱不敢花。居民"没钱花"和"有钱不敢花"正是当前收入分配格局引发的内需相对不足的症结所在。按照库兹涅茨对收入差距变动的分析框架，我国与成熟的市场经济国家有一个相同点，即工业化和城市化在初期导致和加剧了收入分配问题。因此，在我国特定的经济和政治条件下，要扭转初次分配中劳动份额下降和收入差距扩大的趋势，关键在于中长期保持经济快速增长、加快二元经济向城市化和工业化的转移过程，以及建立健全税收和政治制度。

从上述分析可以看出，我国当前居民收入与国民经济协调增长中出现的问题，与其他国家相比具有一定的共性，其他国家和地区的发展历程给我国提供了很多启示：

第一，在经济增长的同时，重视分配的公平性。大多数发展中国家实行"先增长后分配"的经济增长模式，在经济发展中过分强调经济增长的地位，甚至实行过早的经济赶超战略。对我国而言，在经济增长的同时应尽可能地及时纠正收入分配的不合理因素，制定有利于改善低收入群体境况的政策。

第二，促进劳动力市场的发展与二元结构转换。二元经济结构问题是发展中国家普遍存在的问题，在二元结构转换过程中，尤其是在初期，过快地发展资本密集型产业而忽视劳动密集型产业的发展，很容易造成失业人口的大量增加，加剧城市贫困，进而恶化社会整体的收入分配状况。经济增长是改善收入分配的物质基础，经济增长方式的选择应更加有利于就业的增加。我国虽然在经济增长方面取得了显著的成就，但面临的就业压力依然很大，尤其是在我国二元结构转换过程中，农村剩余劳动力向城市流动与城镇的下岗失业问题，就业形势不容乐观。因此，大力发展劳动密集型产业显得尤为重要。劳动密集型产业的充分发展，可以吸纳大量的农业部门剩余劳动力，有利于解决剩余劳动力和失业问题。同时，参与其就业的低收入群体尤其是农村剩余劳动力能够直接分享经济增长的成果，改善收入分配，也有助于缓解日益扩大的收入差距。

第三，在加快经济增长方式转变，使内需成为拉动经济增长的主要力量的同时，要加强产业结构调整，促进服务业健康发展。长期以来，投资和出口在拉动经济增长方面发挥着重要的作用，相比之下，消费的作用没有充分发挥，转变这种经济增长方式是保持经济持续性增长的关键。

第四，发展劳动密集型产业要充分鼓励中小企业的发展。中小企业的繁荣和发展不仅可以为经济增长注入活力，而且可以直接地促进就业，尤其是非熟练劳动者的就业。

第五，借鉴欧洲发达国家的社会保障制度。到 20 世纪中叶，英国、挪威、瑞典等国家通过建设福利国家和实行"普遍福利政策"，使居民收入水平明显提高。我国应在经济能力允许的范围内，逐步提高社会保障待遇，完善城镇居民养老、医疗、失业等社会保险制度，扩大覆盖范围，加大政府对农村社会保障的投入力度，加快建立农村养老保险体系，健全城乡的社会救助制度。

第六，大力发展第三产业。提高劳动收入、缩小居民收入差距应选择对经济增长冲击最小的方式（中国人民大学经济研究所，2011）。劳动收入比重的提升对投资具有抑制作用，如果措施不当，会损害经济增长。由于第三产业的劳动收入比重高于第二产业，因此，大力推动第三产业发展，降低私人资本进入壁垒，不仅有利于促进投资，还可以扩大就业，对于提高居民收入和促进经济增长都具有积极的作用。

第6章

我国居民收入与国民经济增长的现状分析

理论分析表明，居民收入与国民经济增长协调的标准区间应是居民收入占 GDP 的比重在 53% ~ 59% 之间。通过建立"要素贡献率—要素收入份额"的一体化框架，结合我国改革开放以来的经验数据实证分析的结果也支持这一观点。从我国的统计数据来看，居民收入虽然快速增长，但居民收入占 GDP 的比重不仅低于这一标准区间，而且近年来仍然在不断降低，并且居民收入差距逐年拉大。本章首先分析我国居民收入与国民经济增长的现状，然后对二者不协调增长的原因进行剖析。

6.1 我国居民收入与国民经济增长的历史演变

我国居民收入分配与国民经济增长的历史演变大致上可以划分为三个阶段：计划经济时代、改革开放以后至 20 世纪末、21

世纪以来。在收入分配理念、收入分配格局以及经济增长思路等
方面，这三个时期都有着较大的差异。

第一阶段：计划经济时代。我国在这一时期实行的是传统计
划经济模式下的分配体制，其典型特征是经济增长的低水平与收
入分配的高平均并存。一切分配权都集中在中央政府，国家财政
统一分配。各类劳动者的收入多少、如何调整等，各地方政府、
部门和单位都无权决定。在城镇，不论企业还是事业单位，都实
行全国统一的差别等级货币工资制。货币工资成为这一时期职工
个人收入的基本形式和主要来源。在农村，主要实行以生产队为
基本分配单位，以工分制、年终统一分配为基本形式的按劳分配
制度（柴华奇，2003）。由于当时社会的劳动生产率整体不高，
加之缺乏必要的激励机制，居民的个人收入水平总体很低，在分
配上也呈现出浓厚的平均主义色彩。这主要体现在当时占主导作
用的平均主义分配体制以及所产生的城乡内部较低的收入差距。
改革前夕城镇内部的收入差距非常之低，基尼系数大约为 0.16
左右。中国农村虽然由于区域差异性的存在，收入差距高于城
镇，但是仍处于较低的水平上，基尼系数处在 0.22 左右（李实
等，1999）。

第二阶段：改革开放以后至 20 世纪末。这一阶段的总体特
征是国民经济高速增长，居民收入整体改善但差距不断扩大，在
"效率"与"公平"的选择中偏向前者。1978 年中共十一届三中
全会召开，确立了解放思想、开动脑筋、实事求是、团结一致向
前看的指导方针。同时，也开启了人们对过去奉为圭臬的"生产
资料优先发展"、"重工业优先发展"、"先生产后生活"、"高积
累"等发展原则的深刻反思（刘霞辉，2009）。改革开放以来，
我国在政治、经济、社会生活等各个方面都发生了巨大的变化。
从宏观上讲，生产力水平得到了大幅提升，国民经济实现了持

续、稳定、健康、快速发展。从微观上讲，居民个人在改革中得
到了实惠，生活水平大幅提升。普通百姓的收入来源渠道日益多
元化，消费需求从简单的温饱状态向舒适与健康方向发展，逐渐
降低的恩格尔系数也显示着人民生活水平的不断改善。在这一时
期，劳动者报酬占国民收入的份额经历了一个先升后降的过程。
改革开放初期至 1990 年，劳动者报酬占国民收入的份额由
52.2% 上升至 72.2%，国民收入分配向个人倾斜，有学者将其概
括为"工资侵蚀利润"现象。其后，劳动报酬占比整体呈现出下
降趋势（周明海等，2010）。在"效率优先、兼顾公平"、"克服
收入分配上的平均主义，让一部分人先富起来"等政策的引导
下，我国居民收入水平随着经济的增长大幅提升。然而，居民之
间的收入差距也越来越大，城乡收入差距、地区收入差距以及城
乡内部收入差距的不断扩大已成为一个不争的事实。2000 年，我
国的基尼系数已超过 0.4 的国际警戒线。

　　第三阶段：21 世纪以来。这一阶段的总体特征是在保持国民
经济一定增速的基础上，加大了对社会收入分配不均的调节力
度，更加注重社会公平正义。改革开放以来至 20 世纪 90 年代，
我国处于市场经济体制建立初期，政府更加注重效率，解决的主
要是经济增长问题，在集中精力把"蛋糕"做大的同时，只是部
分兼顾收入公平问题。进入 21 世纪后，随着收入分配矛盾的凸
显，政府愈发重视收入分配公平问题。这一时期，劳动者报酬占
GDP 份额持续走低，国民收入分配格局已完全从改革初期的"工
资侵蚀利润"转向"强资本和弱劳动"关系。政府人为压低劳
动力、投资品、自然资源等生产要素投入价格，激励企业加速完
成原始积累，挤压了劳动者收入的正常增长。收入不平等程度的
加剧不仅表现在劳动与资本间分配不均，劳动者内部收入差距扩
大的趋势也十分明显。2004 年，我国基尼系数达到 0.47，城乡

之间及城乡内部的收入分配呈现一种两极分化趋势，形成穷者更穷、富者更富的"马太效应"。2008年，我国人均GDP接近3 000美元，已进入发展转型的关键时期，很容易陷入所谓的"中等收入陷阱"。在这种背景下，如何通过有效的手段防范两极分化趋势的加剧，是政府在加快发展经济的同时必须关注的另一个重要问题。为应对转型时期的挑战，我国政府先后提出了建设和谐社会及科学发展观等治国理念，更加注重切实保障改革和发展所创造的社会财富为全体人民所共享。党的十七大更是明确提出，要逐步提高居民收入在国民收入分配中的比重，提高劳动报酬在初次分配中的比重，初次分配和再分配都要处理好效率和公平的关系，再分配更加注重公平。

6.2　我国居民收入与国民经济增长的现状

6.2.1　我国居民收入与国民经济增长的现实图景

近年来，随着经济的高速增长，我国城乡居民收入实现了快速增长，人民生活水平稳步提高。然而，由于我国现有分配制度的不完善，导致居民收入增长速度长期滞后于经济增长速度，且居民内部收入分配不均等诸多深层次的问题也日益突出。

6.2.1.1　居民收入与国民经济快速增长

"十一五"时期是我国改革开放以来经济发展最快的五年，经济总量、人均GDP均实现翻番。2010年，我国国内生产总值达到397 983亿元，是2005年的2.2倍，年均增速达到11.2%；人均国内生产总值达到29 748元，是2005年的2.14倍，年均增长 10.6%。我国经济已经进入人均 GDP 超过 3 000 美元、有望达到 5 000 美元的新发展阶段。

受益于经济的快速发展，居民收入快速增长。2010 年，我国城镇居民人均可支配收入达到 19 109 元（见表 6-1），"十一五"期间年均增长 9.7%，比"十五"时期高 0.1 个百分点。农民人均纯收入 5 919 元，年均增长 10.9%，比"十五"时期高 5.7 个百分点。

表 6-1　　　　　国内生产总值及居民收入相关统计指标

年份	国内生产总值（亿元）	人均国内生产总值（元）	城镇居民人均可支配收入（元）	农村居民人均纯收入（元）
2001	109 655	8 622	6 860	2 366
2002	120 333	9 398	7 703	2 476
2003	135 823	10 542	8 472	2 622
2004	159 878	12 336	9 422	2 936
2005	184 937	14 185	10 493	3 255
2006	216 314	16 500	11 760	3 587
2007	265 810	20 169	13 786	4 140
2008	314 045	23 708	15 781	4 761
2009	340 507	25 575	17 175	5 153
2010	397 983	29 748	19 109	5 919

资料来源：中国历年统计年鉴。

6.2.1.2　居民收入与国民经济增长不协调

我国居民收入与国民经济增长不协调主要体现在两个方面，一是居民收入增长速度滞后于国民经济增长速度，二是居民收入差距在不断拉大。

——居民收入增长滞后于经济增长。随着改革开放的深入和社会主义市场经济的发展，我国生产力水平显著提高，经济实力不断壮大，社会财富这块"蛋糕"越做越大。然而，由于我国当前国民收入分配格局的不合理，导致居民没有分到合理份额的"蛋糕"，这具体表现在居民收入在国民收入分配中的比例不断下降，且居民收入特别是农村居民收入增长缓慢，其增速远远滞后于 GDP 的增长速度。

一是居民收入占 GDP 比重下降。以劳动报酬占比作为居民收入占比的替代性指标，表 6-2 描述了我国自 1997 年以来劳动报酬占比的变化情况，从表 6-2 中可以看出，尽管我国经济保持了多年的高速增长，国家财富不断积累，但是劳动报酬占比却有整体不断降低的趋势，仅 2009 年有所上扬。资本所得与出卖劳动力所得的差距充分说明了在社会财富的分配过程中，分配向资本倾斜而不是向劳动倾斜，居民权利体系相对企业权利体系处于弱势地位。这种"利润侵蚀工薪"的现象表明资本对劳动的不公。

表 6-2　　　　　　　　　国民收入分配的分类构成　　　　　　单位：亿元

年份	生产税净额	固定资产折旧	营业盈余	劳动者报酬	劳动者报酬占比（%）
1997	10 486.41	10 124.99	15 716.97	40 628.24	52.80
1998	11 981.24	11 092.35	15 717.71	43 988.95	53.10
1999	13 209.04	11 870.17	16 665.49	45 926.43	52.40
2000	14 972.41	13 760.27	18 528.61	49 948.07	51.40
2001	16 779.28	15 027.36	20 024.97	54 934.65	51.50
2002	18 493.77	16 573.12	22 854.64	60 099.14	50.90
2003	21 551.46	19 362.42	27 364.57	67 260.69	49.60
2005	29 521.99	27 919.21	58 459.81	81 888.02	41.40
2006	32 726.66	33 641.84	70 862.02	93 822.83	40.60
2007	40 827.52	39 018.85	86 245.97	109 532.27	39.70
2009	55 531.11	49 369.64	90 103.24	170 299.71	46.70

资料来源：中国历年统计年鉴，其中，2004 年及 2008 年数据缺失。

　　二是居民收入与 GDP 增速呈分化走势。居民收入与经济增长的不匹配还体现在两者的不同增速上。据上海证券报报道，国家统计局的统计结果显示，改革开放至今，我国 GDP 年均增长速度为 9.9%，城镇居民可支配收入年均增长 7.3%，农民人均纯收入年均增长 7.2%，经济增速比城乡居民收入增速分别高出2.6 个和 2.7 个百分点。尤其是 2001～2010 的 10 年间，我国城镇居民人均可支配收入和农村居民人均纯收入年均分别增长9.9% 和 6.6%，比经济增速分别低了 0.6 个和 3.9 个百分点（梁达，2010）。

　　——居民收入差距不断扩大。经过改革开放后 30 余年的发展，我国已跃居为仅次于美国的全球第二大经济体。然而，在经济财富不断增长的同时，收入分配问题却没有得到妥善解决。从基尼系数上来看，我国当前居民收入的基尼系数已从改革开放前的 0.16 上升到 0.47，超过国际上 0.4 的警戒线。目前，我国城乡之间、地区之间以及行业之间的收入差距呈扩大趋势，已成为影响我国经济持续健康发展和社会和谐稳定的重大现实问题。

　　一是城乡收入差距拉大。从城乡居民收入差距的绝对数来看，两者之间呈现出逐年扩大的趋势（见表 6－3），其中，2010年我国城镇居民人均可支配收入 19 109 元，而农村居民人均纯收入仅为 5 919 元。从城乡居民收入差距的相对数来看，两者的比例数整体上呈上升趋势。1978 年时城乡居民人均收入比是2.57:1，农村改革开始后这一比例逐步降低，到 1985 年降到1.86:1，随后城乡收入差距又有扩大，2001 年城乡收入比为2.9:1，近几年，城乡收入比都一直高于 3:1，远远高出大多数国家不到 1.5:1 的水平。此外，在计划经济时代遗留下来的各种明补和暗补，如公有住房、住房公积金、公费医疗、养老保障、失业保险等，在城镇居民收入中仍占有相当大的比重，而这些隐形收入和福利在统计往往被忽略，这也是造成城乡收入差距的一个重要来源（李实、罗楚亮，2011）。

表6－3 城乡居民家庭人均收入差距变化情况

年份	城镇居民人均可支配收入(元)	农村居民人均纯收入(元)	城乡收入差距绝对值(元)	城乡收入比
1978	343.4	133.6	209.8	2.57
1980	477.6	191.3	286.3	2.50
1985	739.1	397.6	341.5	1.86
1990	1 510.2	686.3	823.9	2.20
1991	1 700.6	708.6	992.0	2.40
1992	2 026.6	784.0	1 242.6	2.58
1993	2 577.4	921.6	1 655.8	2.80
1994	3 496.2	1 221.0	2 275.2	2.86
1995	4 283.0	1 577.7	2 705.3	2.71
1996	4 838.9	1 926.1	2 912.8	2.51
1997	5 160.3	2 090.1	3 070.2	2.47
1998	5 425.1	2 162.0	3 263.1	2.51
1999	5 854.0	2 210.3	3 643.7	2.65
2000	6 280.0	2 253.4	4 026.6	2.79
2001	6 859.6	2 366.4	4 493.2	2.90
2002	7 702.8	2 475.6	5 227.2	3.11
2003	8 472.2	2 622.2	5 850.0	3.23
2004	9 421.6	2 936.4	6 485.2	3.21
2005	10 493.0	3 254.9	7 238.1	3.22
2006	11 759.5	3 587.0	8 172.5	3.28
2007	13 785.8	4 140.4	9 645.4	3.33
2008	15 780.8	4 760.6	11 020.1	3.31
2009	17 174.7	5 153.2	12 021.5	3.33
2010	19 109	5 919	13 190	3.22

资料来源：中国历年统计年鉴。

　　同时，城镇居民收入增长速度高于农民收入增长速度。从总体看，近 10 年来我国城乡居民收入都在逐步增长，但城镇居民收入的增长速度远高于农村。城镇居民家庭人均可支配收入从 1998 年的 5 425.1 元增长到 2009 年的 17 174.7 元，年均增长高达 11.04%；而农民家庭人均纯收入从 1998 年的 2 162 元增长到 2009 年的 5 153.2 元，年均增长 8.22%。

　　二是行业收入差距拉大。从国民经济各行业角度来看，2005～2009 年最高收入行业与最低收入行业的就业人员平均劳动报酬比大约为 4.5，其中收入最高行业包括信息传输、计算机服务和软件业、金融业等，劳动报酬最低的行业为农林牧副渔业。如按分行业进一步细分，2008 年收入最高行业（证券业）与收入最低行业（畜牧业）的劳动者报酬的差距为 15 倍。通过对收入偏高和偏低的行业进行归类可发现，垄断行业、新兴行业收入往往较高，竞争性行业和传统性行业收入较低，如石油石化、邮电通讯、航空、金融、铁路运输等行业职工的收入，远远高于农林牧渔等行业。

表 6-4　按国民经济行业分城镇单位就业人员平均劳动报酬　单位：元

行业分类	2005 年	2006 年	2007 年	2008 年	2009 年
农、林、牧、渔业	8 207	9 269	10 847	12 560	14 356
采矿业	20 449	24 125	28 185	34 233	38 038
制造业	15 934	18 225	21 144	24 404	26 810
电力、燃气及水的生产和供应业	24 750	28 424	33 470	38 515	41 869
建筑业	14 112	16 164	18 482	21 223	24 161
交通运输、仓储和邮政业	20 911	24 111	27 903	32 041	35 315
信息传输、计算机服务和软件业	38 799	43 435	47 700	54 906	58 154
批发和零售业	15 256	17 796	21 074	25 818	29 139
住宿和餐饮业	13 876	15 236	17 046	19 321	20 860

续表

行业分类	2005 年	2006 年	2007 年	2008 年	2009 年
金融业	29 229	35 495	44 011	53 897	60 398
房地产业	20 253	22 238	26 085	30 118	32 242
租赁和商务服务业	21 233	24 510	27 807	32 915	35 494
科学研究、技术服务和地质勘查业	27 155	31 644	38 432	45 512	50 143
水利、环境和公共设施管理业	14 322	15 630	18 383	21 103	23 159
居民服务和其他服务业	15 747	18 030	20 370	22 858	25 172
教育	18 259	20 918	25 908	29 831	34 543
卫生、社会保障和社会福利业	20 808	23 590	27 892	32 185	35 662
文化、体育和娱乐业	22 670	25 847	30 430	34 158	37 755
公共管理和社会组织	20 234	22 546	27 731	32 296	35 326

资料来源：中国历年统计年鉴。

三是区域收入差距拉大。西部大开发、振兴东北老工业基地以及中部地区崛起战略的实施，使我国地区差距扩大的趋势得到一定程度的控制，但从居民收入、教育水平、生活质量等方面看，区域之间的差距依然悬殊。2009 年，城镇居民人均可支配收入全国最高（上海）和最低（甘肃）的省（市），两者之间的差距是 2.42 倍；同一时期农村居民人均纯收入最高（上海）和最低（贵州）的省（市）之间的差距已扩大到 4.19 倍。另外，据国家统计局（2006）发布的监测结果显示，2005 年全国农村全面建设小康实现程度达到 28.2%，东、中、西部地区农村全面建设小康实现程度分别为 47.6%、24.6% 和 1.3%，东部与中、西部地区农村全面建设小康实现程度差距进一步拉大。该报告同时还指出，在经济发展方面，中西部与东部地区农村的发展差距在 8 年以上，生活质量方面的差距在 5 年以上。国家统计局统计科学研究所（2010）根据《中国全面建设小康社会统计监测方案》对我国全面建设小康社会的进程进行监测的结果显示，2009 年全国各地区全面建设小康社会的实现程度均有上升，然而实现程度最低的西部地区比最高的东部相差 16.8 个百分点，差距依然较大（见表 6-5）。

表 6-5　　　我国各区域全面建设小康社会实现程度比较　　单位：%

年份	2000	2001	2002	2003	2004	2005	2006	2007	2008	2009
全国	59.6	60.7	61.8	63.0	64.8	67.2	69.9	72.6	74.6	77.1
东部地区	64.2	66.3	68.8	70.3	72.3	75.1	78.2	81.2	83.5	85.9
中部地区	55.5	57.9	58.8	60.3	62.1	64.1	67.0	70.6	72.7	75.2
西部地区	52.7	54.2	55.2	56.2	57.1	59.4	61.1	64.5	66.4	69.1
东北地区	60.4	62.0	63.9	66.0	67.6	69.2	72.1	74.8	77.4	80.6

资料来源：国家统计局统计科学研究所：《我国全面建设小康社会进程监测报告 (2010)》，2010 年 12 月 24 日。

6.2.2　我国居民收入与国民经济增长不协调的原因分析

居民收入增长滞后于国民经济增长，经济发展方式不合理是根本症结，而收入分配机制的不合理又进一步加剧了滞后的程度。从深层次看，经济发展方式、产业结构不合理放大了由生产力不平衡、自然资源等客观条件形成的收入差距。经济社会体制如城乡分割管理体制、社会再分配机制等存在的弊端强化了收入分配的不公平，助长了城乡、行业、区域等居民收入差距的扩大。

6.2.2.1　居民收入增长滞后的根本症结

从生产领域源头来看，目前我国经济发展方式、产业结构、城乡二元经济等不合理是居民收入分配失衡的根本症结，它直接导致了一系列社会问题的产生。

——经济发展方式不合理。要素驱动型经济发展方式长期积累的结构性、深层次矛盾尚未解决，导致要素投入产生的收益分配过度向资本倾斜，劳动参与财富分配的比例相对下降。从发展经济学的角度看，无论是罗斯托的"起飞"理论还是罗森斯坦·罗丹的"大推进"理论，均提出发展中国家要实现经济快速增长的前提条件是政府主导投资的快速增长。事实上，新中国成立以来我国也一直奉行以低成本要素投入为前提的投资驱动型发展赶超战略，通过大量增加投入、加快资本形成以及数量扩张的"要素驱动型"模式，我国取得了经济高速增长的"神话"。然而，随着未来十年我国低成本竞争优势的逐步丧失，以往的"以资源促发展"、"以市场换技术"、"以利润换资本"等要素和投资驱动型经济增长模式已经逼近拐点。

在我国粗放型经济发展方式下，GDP 的快速增长得益于自然资源（如土地）和资本的投入拉动，政府能够低价征地因而占有了其中的大部分收入，而资本收入则归企业家或富有者所占有。然而，社会财富积累的增长却有限，可供居民有效分配的"蛋糕"并不大。以江苏省苏州市为例，依靠外资带动实现了经济飞速发展的"苏州模式"被其他许多地区广为借鉴。然而，苏州的发展模式也引来了许多学者和地方领导干部的尖锐批评，认为其"只增产不增收"、"只长骨头不长肉"。统计数据显示，苏州居民可支配收入增长速度远远低于经济增长速度，老百姓从引进外资和经济增长中得益不多，甚至变得相对贫困，如苏州人均 GDP 超过上海，但人均收入只有上海的一半。在不同群体的人均收入上，差距也特别大，公职人员的平均年薪大概为同期一般企业员工的年收入的 4～5 倍。有声音这样批评过去苏州模式的主要做法："一边是外资的趋之若鹜，另一边是民族名牌的淡出；一边是优惠政策与科技园区建设，另一边是资源代价和飞来经济；一边是政绩工程与政府主导经济的苏州模式，另一边则是普通市民的贫困和干群之间新的二元结构"（《财经文摘》编辑部，2006）。针对这些弊端，苏州市政府又提出富民优先的"新苏州模式"（张晔，2005；黄细兵等，2007）。在我国的经济增长方式中，经济增长的主要动力来自于投资尤其是建设性投资，投资与消费比例失衡，成为内需不足问题长期存在的深层次原因。此外，我国以往的投资主要集中于工业和城市，造成了"三农"领域劳动者收入增长的缓慢。

长期以来，我国政绩考核体系对 GDP 指标的偏爱导致地方官员的 GDP 情结严重，而 1994 年分税制改革财权上移又给地方政府造成了巨大纵向财力差距。在这两大因素的综合作用下，地方政府一直具有强烈的靠投资拉动经济增长的欲望，这也是拉动经济增长的"三驾马车"中最直接、最快速的"一驾"。在我国经济增长的进程中，地方政府主导的投资构成了我国资本积累的重要组成部分。为追求 GDP 增速、增加投资、扩大税源，不少地方政府"眉毛胡子一把抓"，不惜以廉价土地、税收减免和降低环境保护标准等条件来开展招商引资竞争。这种行为的盛行扭曲了公平竞争的市场环境，是国民收入分配关系的一种人为侵扰。与之相对的是，政府对公共产品和社会民生的重视程度不够，导致社会福利并未与经济增长同步提高。

——产业结构不合理。目前，我国资本与要素的分配失衡是一个综合问题，既与不健全的市场制度和不完善的政策体系有关，更与发展不协调的产业结构密切相关。如何促进产业结构的转型和调整，是从根源上扭转收入分配状况恶化的战略举措。

从产业结构来看，占全国就业人口总数 38.1% 的农业劳动力只创造了 10.3% 的国民生产总值（2009 年数据），这也直接导致从事农业的劳动人群收入不高。与之相对的是，仅占全国就业人口总数 27.8% 的工业劳动力却创造了 46.2% 的国民生产总值，而工业大部分属于资本密集型产业，该产业新增的财富在很大比重上被资本所有者和国家所占有；第三产业吸纳了 34.1% 的就业人口，占据了 43.3% 的国民生产总值份额，与发达国家中服务业占经济总量的比重在 70% ~ 80%，吸纳就业总人数的比重在 60% ~ 70% 相比，仍有不少差距（石秀诗，2010）。从经济学含义上看，大量富余在第一产业中的劳动力因未能顺利转移到服务业而发生闲置，没有充分创造财富，也不能对应地分配财富，财富大量被资本密集的第二产业所占有，从而导致了资本所有者与劳动所有者之间收入分配不平衡的问题（周天勇，2010）。

在第二产业中，工业因投资规模大、垄断性强、利润回报高、拉动效应明显等特性而广受地方决策者和企业家的青睐。1998 年以来，由于城市化、消费结构升级、基础设施发展需要等原因，电子、能源、汽车、建材等产业成为经济增长的支柱产业，我国的经济发展愈来愈呈现出"重化工业化"的发展倾向。重工业是政府的高税源产业，有利于财富向政府集中，导致国富民穷的趋势扩大。此外，重工业属于资本密集型产业，进入门槛高，容易产生财富分配向垄断大资本和少数人收敛的马太效应。

——城乡二元经济发展不合理。从城乡二元经济结构来看，城乡之间生产要素的合理流动和优化配置受到限制，农村与城市发展机会和环境的不平等状况改善不大，农民在占有公共资源和享有基本公共服务等方面处于劣势，造成城乡居民收入差距不断扩大。

首先，工农业产品价格的剪刀差造成了城乡居民收入水平的不均。我国从 20 世纪 50 年代开始推行重工业优先发展战略。由于当时我国可供投入的要素匮乏，为了进行资本积累，重工业发展战略在实施中采取了提高工业产品定价、压低农产品统购派购价格的方式进行资本积累，形成了以农补工的具有明显城市倾向的经济政策，农业剩余也由此转移给城市工业。在工农业产品的比价中，工业品价格偏高，农产品价格偏低，过大的"剪刀差"削弱了农业发展的能力，农民的收入水平增长缓慢，这是直接造成城乡居民收入差距扩大的历史原因。

其次，城乡二元结构长期制约了农民收入的增长。城市和乡村二元经济社会结构是我国经济社会发展过程中的典型特征之一，这种二元结构的长期禁锢造成了城市的迅速发展和乡村的相对滞后，使城乡之间形成了巨大的经济社会发展差异。由于实行城市和农村两种户籍制度，人为地造成城乡劳动力市场分割和城市劳动力市场对农民的封闭，阻碍了农村剩余劳动力自由流动。此外，广大农民在就业、教育、医疗、社会福利、社会保障等方面与城市居民的差距巨大，机会不平等，也间接导致了城乡居民收入分配差距的扩大。

此外，农民工外出务工待遇不平等。家庭承包经营责任制的推行使农民在获得土地经营自主权的同时，也获得了在非农领域寻求就业和收入的权利。而我国沿海地区劳动密集型产业的发展及城市大建设的推进，也为农村剩余劳动力的流出提供了契机。在内外因素的双重推动下，一向"安土重迁"的农民纷纷大规模外出寻找就业机会，形成跨区流动的"民工潮"。然而，广大农民工在为国家创造大量利润和为城市发展做出巨大贡献的同时，却享受不到与城市职工同等的劳动工资和社会福利标准，缺乏基本的获得体面劳动和社会保障的权利。全国农民工与城镇职工待遇的不平等直接拉大了居民收入分配的差距。我国学者王郁昭（2005）将农民工工资和城市职工工资的差称之为继工农产品价格剪刀差、农民土地低征高卖之后的"第三个剪刀差"。

6.2.2.2 初次分配领域存在路径依赖

在初次分配领域，受传统分配理念惯性的影响，目前我国的收入分配向政府和企业尤其是垄断企业倾斜较多，并且已经形成了路径依赖。

——分配理念形成路径依赖。改革开放以来，在收入分配领域，我国打破"大锅饭"和"吃大户"的平均主义思想，实行以按劳分配为主体，多种分配形式并存的收入分配制度。"效率优先，兼顾公平"的分配理念极大地激发了民众劳动致富的积极性，为中国经济的快速发展提供了强大的动力。然而，这个理念也经常被人误解为"先效率，后公平"和"重效率，轻公平"；对于邓小平同志提出的"让一部分人先富起来"和"最终实现共同富裕"，在市场化改革的实践中，也往往单方面施力于前者，对后者的重视程度不够。这些理念的误读直接影响了一些分配制度的设计和安排，如地方政府过去普遍关心的是效率、政绩和GDP增速，对公平正义等软指标重视不够，常常为了效率牺牲公平。这些做法直接导致了要素分配过度朝资本和企业集聚，造成了初次分配领域的许多分配不公和秩序混乱问题，并形成一定的路径依赖。即使经过政府再分配的宏观调节，也难以在短时间内形成合理的收入分配秩序。

此外，对于"藏富于国"还是"藏富于民"两种发展理念的取舍也会影响到宏观经济的发展及老百姓的生活水平。经过改革开放后30多年的发展，人民生活水平得以改善，但在国力强势增长的背景下，我国更多地表现出"国富而民不富"的发展特征。在整个社会财富蛋糕中，政府所占比例不断攀升。统计数据显示，从1997年始至2010年，我国财政收入年均增幅高达18.9%，与城乡居民人均可支配收入的增长速度形成了巨大反差。从我国税收的立法理念也可以看出，我国税收政策更关注于如何获取更多的财政收入，这使得具有财政收入功能的流转税负比重远远高于极具收入分配调节功能的税种。国际经验表明，当人均 GDP 处于 3 000 美元附近时，快速发展中积聚的矛盾将集中爆发，经济发展停滞，贫富分化严重，陷入所谓的"中等收入陷阱"。要迈过"中等收入陷阱"，其中一条主要途径是藏富于民，让老百姓真正享受经济增长的成果。

——收入朝企业集聚形成路径依赖。由于工资议价、支付保障、监管机制不健全，职工工资与企业利润、企业主所得缺少合理的联结机制，职工涨不涨工资，企业主"说了算"，造成劳动者报酬提高受阻。

劳动市场是非完全竞争市场，如果任由劳动与资本、技术、管理等生产要素在分配市场中自由博弈，则劳动者的正当分配权利将不能得到保障。鉴于劳动市场的不平等竞争特性，为弥补劳动市场的缺陷，西方国家势力强大的工会组织在维护劳动者正当权益方面发挥了积极的作用。改革开放以来，我国工会建设不断加强，在为广大劳动者说话办事方面做了不少工作。然而，由于历史及体制等方面的原因，我国的工会组织发展滞后，处于弱势地位的工会在与企业进行劳资协商时缺乏足够的话语权，在维护职工正当权益、推动形成工资共决机制、确保劳动报酬在分配中获得应有份额方面作为不够。

在我国劳动力长期过剩的情况下，劳动关系的基本特点是劳资双方存在事实上的不平等，企业有足够的优势将劳动者工资收入尽可能地压低，使得劳动力的价格严重偏离价值。近几年来，企业利润大幅增长的原因除管理水平上升、企业资产运营效率提高及投资收益增加外，企业超常压缩生产成本、挤占劳动者合理收入也是其中一个重要的因素。中国社会科学院工业经济研究所编写的企业蓝皮书《中国企业竞争力报告2007——盈利能力与竞争力》显示，1990～2005年，劳动者报酬占GDP的比例从53.4%降至41.4%，下降幅度为12%；而同期营业余额占GDP的比例从21.9%增加到29.6%，增长幅度为7.7%（金碚，2007）。从某种程度上看，企业利润的大幅增加是以职工低收入为代价的，是国民收入分配向资本所有者倾斜，"利润侵蚀工资"的一种表现。

——收入朝政府集聚形成路径依赖。由于要素分配改革不到位，使得要素收入以政府收费、垄断利润的形式聚集，居民"分红"太少，造成居民财产性收入提高受阻。

一方面，我国的非税收入比重偏高。在市场经济体制下，政府财政收入的主体是税收，非税收入只应是补充来源。非税收入比重过大，不仅会使税收收入的主体地位受到挑战，也将严重削弱财政收入的真实性。2008年我国非税收入的比重为35%，如考虑社会保险基金，则上升到43%（夏先德、李安东，2010）。在我国的一些经济落后地区，非税收入甚至超过税收收入。非税收入的规模和比例过大，并且游离于预算之外，是政府分配比重偏高的一个重要原因。近年来表现最为明显的就是国有土地出让收入，在一些地方成为财政的支柱，地方政府对这部分资金的使用具有极大的灵活性，在管理使用中也存在不少问题。2008年，审计署公布11个城市的国有土地使用权出让金审计调查报告显示，共有1 864.11亿元土地出让净收益未按规定纳入基金预算管理，占11个城市土地出让净收益总额的71.18%。此外，各地各部门的"小金库"现象屡禁不止，大量资金在体制外循环，扩大了居民收入的差距。

另一方面，部分行业凭借垄断地位获取高额利润。我国不少领域改革滞后，行业间收入分配的差距并非竞争力差异的体现，而主要是通过垄断和不完全竞争获取大量超额利润。电信、电力、石油、铁路、民航、金融、教育、医疗等部门在价格管制、行业准入限制、财政补贴等行政力量的保护下，获取了大量显性或隐形的利益，而房地产开发、自然资源开采、土地出让等领域则通过投机行为攫取暴利。这些国家垄断行业和高盈利行业通过与非垄断行业及居民的非公平交易，将社会财富以经营收入的形式转变为部门利益。同时，垄断行业由于竞争不充分导致效率低下，社会资本和民营经济难以进入，造成社会就业面缩小，减少了劳动者通过就业增加收入的机会。

6.2.2.3　再分配机制存在调节缺位

社会收入再分配的要义是弥补市场失灵，维护社会的公平正义。然而，在我国的再分配环节，某些调节"装置"存在"缺位"，"削峰填谷"的调节功能发挥有限，甚至存在"逆向调节"的现象，有违"再分配注重公平"的原则。

——税制设计存在调节缺位。税收作为政府重要的宏观调控手段，对调节居民收入分配、缩小收入差距具有独特作用。然而，由于我国税制设计和征管环境等原因，削弱了税收在社会公平调节方面的作用。

一是税收结构不合理制约了公平目标的实现。直接税通常用以调节公平收入分配问题，而间接税更能体现政府的效率目标。目前，大部分发达国家一般都实行以直接税（所得税、财产税等）为主，间接税（增值税、营业税等）为辅的税制结构。我国现行的税制体系是在 1994 年分税制改革的基础上形成的，其在结构上的突出特点就是流转税重、所得税轻，财产税相对缺失。虽然我国一直在强调建立以流转税和所得税并重的"双主体"税制模式，但新税制运行十多年后，现实的税制模式仍然以流转税为主体，特别是仍以增值税为第一大税种，而个人所得税在税收总额中的比例仍然偏低，企业所得税收入占总税收收入的比重也并没显著提高。由于直接税特别是企业所得税和个人所得税具有较强的收入再分配功能，直接税收入比例过低，必然影响税制公平收入分配功能的正常发挥。

二是个人所得税在公平分配方面发挥的作用有限。我国现行的个人所得税制存在着较多的缺陷，呈现出收入分配调节的"累退性"，即通俗所说的"低收入者高税负，高收入者低税负"。个人所得税调节分配的效率不高主要表现在：对个人获得的工资薪金收入应扣的相关费用采取笼统的定额扣除办法，没有考虑家庭整体负担差异；在全国范围内，个人所得税起征点搞"一刀切"，没有考虑地区间的差异，且起征点没有与物价指数建立联动机制；我国现行个人所得税征收模式采用国外很少采用的纯粹分类所得税制，容易使收入相同者由于所得来源不同而导致税负不同；对工薪按月计征，对劳务报酬等一些所得采取按次计征极易导致支付能力相同而税负不同；现行个人所得税法规定只有两类纳税人必须自行申报，自行申报范围过窄，不利于对税源实行有效监控；税收优惠项目较多，不利于实现普遍、平等纳税。我国近年来的税收实践证明，缺陷较多的个人所得税制不但无益于居民收入差距的缩小，反而在某种程度上使差距扩大。

三是我国的税收"生态环境"欠佳。目前，我国个人收入货币化程度不高，经济活动信用化程度较低，现金交易频繁，个人财产申报制度推行缓慢，还未真正建立由税务、海关、工商、银行、保险、公安等部门参加的信息化网络和长效协税机制，信息无法实现共享，税务机关很难方便、快捷地掌握个人的实际收入。同时，随着经济发展，一些高收入行业及人群的收入来源朝分散化、隐蔽化、多元化方向转变，税务机关难以准确掌握税源，再加上收入监控体系的不完善，使这些所得游离于个人所得税之外，成为困扰征管、影响税收调节收入分配职能的一大难题。此外，由于政府职能转变缓慢，许多地方政府往往"越位"大搞招商引资，对企业的审核监督不严，给投机企业套取税收优惠以可乘之机。

——社保制度安排存在调节缺位。社会保障属于二次分配范畴，是改善民生、促进公平，推动经济社会协调发展的重要载体。从本源意义上讲，它是为了保障社会成员特别是生活有特殊困难的人群能够维持社会基本生存的底线，以维系劳动力再生产的需要，从而保证社会再生产的正常进行。然而，我国二元分治的社会保障结构及整个社保体系的不完善进一步拉大了群体间的生活差距。

一是农村社保制度发展滞后。与城乡二元经济结构相适应，我国的社会保障体系也呈明显的二元分治特征，农村尚未建立起一套相对完善的社会保障体系。新型农村养老保险在农村还处于起步阶段，"养儿防老"的观念影响深远，绝大部分农民基本上还是通过家庭养老方式进行自保。虽然近年来我国农村低保的政策力度不断加大，但保障标准仍然过低，对低保对象尚不能实现"应保尽保"。失地农民的就业和社会保障问题没有系统的解决办法，对农民失去土地后的就业发展和将来的生活来源等问题缺乏长远考虑。进城务工农民一直处于权利缺失的状态，由于没有享受到应有的社会保障而成了城市中最弱势的群体。

二是城镇社保体系仍需健全。我国城镇的社会保障工作起步较早，经过二十多年的发展，初步建立起了以养老保险、失业保险、医疗保险和居民最低生活保障制度等为主要内容的社会保障体系。然而，与发达国家的社会保障水平相比，我国城镇的社会保障体系尚有许多不完善之处，如企业与机关事业单位之间社会保障制度不统一，社保制度呈现碎片化状态；失业、低保与最低工资标准衔接不紧密，不利于促进就业和再就业；城镇失业保险覆盖率低，仅覆盖正式职工，并不包括农村就业人员和城镇非职工人员，工作不稳定的股份制企业、三资企业和私营企业等职工实际上没有失业保障；企业职工基础养老基金统筹层次低、调剂能力弱，退休人员基本养老金并未建立起与经济发展、工资增长、物价水平联动的正常调整机制。

三是立法不完善。我国《社会保险法》于 2011 年 7 月开始实施，该法的颁布弥补了我国法律体系的空白，进一步凸显了民生政府的责任。然而，该法律仍留下了许多亟待完善的空间，如授权条款太多、有些条款表达太笼统难以操作、社会保险基金的性质未予以确定、社会保险统筹层次无实质进展、对现有分配特权的限制不够等。

——公共投入存在调节缺位。政府提供的公共服务按功能可以分为两类：一是具有"经济性"的公共服务，可通过改变经济投入对经济增长产生影响；二是具有"社会性"的公共服务，可通过直接改变公共服务不均等状态进而影响收入分配。公共服务对收入分配的作用机理如图 6-1 所示。

公共服务均等化是实施国民收入再分配的一种手段和方式，有助于抑制收入差距扩大的趋势，提高低收入群体分享经济增长带来的好处。然而，我国由于关系民生的住房、交通、教育、医疗、养老制度改革较为滞后，资源投入不足、分配不均，形成居民收入"漏出"机制，降低了居民可支配收入水平。2010 年，我国人均国内生产总值达到 4 400 美元，按照世界银行的标准，我国已经进入中等收入偏上国家的行列。历史经验证明，随着一国发展水平的提升，政府公共服务支出在政府支出中的比重呈现逐步上升趋势。特别是人均 GDP 在 3 000~10 000 美元阶段，随

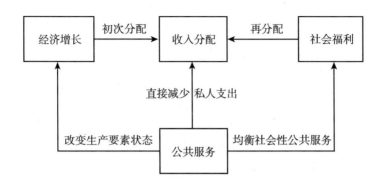

图 6 - 1 公共服务改变收入分配的作用机理

资料来源：在吕炜、赵佳佳论文《中国经济发展过程中的公共服务与收入分配调节》基础上改造。

着居民消费逐步由耐用品消费向服务消费升级，公共服务在政府支出中的比重将显著提升；当人均 GDP 超过 10 000 美元后，政府公共服务支出占比将逐步趋稳。近年来，我国经济和财政支出在保持总体快速增长的同时，基本公共服务总体投入依然不足。以教育、医疗和社会保障三项主要公共服务为例，2008 年，3 项支出占政府支出的比重只有 37.7%，与人均国民生产总值 3 000 ~ 6 000 美元的国家相比，低了 16.3 个百分点。其中，医疗支出低 7.9 个百分点，社保支出低 10.3 个百分点（张玉台，2010）。

基础设施、科技推广、咨询服务等各种经济性公共服务的供给短缺不利于降低生产经营成本，提高经济效益。以我国农村地区为例，农村基础设施建设在降低农业经营成本、提高农民素质和农村经济市场化程度等方面作用巨大，在促进农民增收上具有基础性作用。尽管近年来我国加大了对农村基础设施建设的投入，但农村安全饮水、农田水利、环保设施等基础设施的建设仍明显不足，科技推广、农业信息、农机服务、农资供应、金融信贷等农业服务网络尚未健全，制约了传统农业向现代农业的转变，不利于农业增效和农民增收，进一步强化了城乡二元经济结构。

教育、医疗、社保等社会性公共服务与居民生存和发展息息相关。政府在这些领域的投入不足及资源分配不均是造成我国居民收入分配不合理的重要原因。在教育领域，教育成本的不断攀升以及教育资源的"嫌贫爱富"，使得弱势群体的后代的人力资本投资需求受阻，社会低收入群体失去了向上自由流动的根本途径，并在一定程度上固化了社会阶层的等级结构，进而造成了贫困的"代际传递"；医疗支出成本的过高造成了低收入群体的相对贫困化，因病致贫、因病返贫现象时有发生；而我国社会保障制度的不完善使得居民对未来支出持预防性谨慎态度，降低了居民的消费倾向，是造成当前我国市场有效需求不足的一个重要原因。

6.3　我国居民收入与国民经济增长展望

"十二五"规划描绘了未来五年我国居民收入与国民经济增长的宏伟蓝图。在未来一段较长的时期内，我国将继续坚持和完善按劳分配为主体、多种分配方式并存的分配制度，提高居民收入在国民收入分配中的比重，提高劳动报酬在初次分配中的比重。在初次分配和再分配都处理好效率与公平的关系，再分配更加注重公平。

6.3.1　工资收入将稳步提升

"十二五"规划明确提出了要形成反映劳动力市场供求关系

和企业经济效益的工资决定机制和增长机制。以市场机制调节为基础，企业自主分配、通过劳资双方平等协商确定职工工资，政府对工资的形成过程进行监督指导。"十二五"规划还提出进一步完善最低工资和工资指导线制度，逐步提高最低工资标准，扩大工资集体协商覆盖范围。

从外部环境看，随着我国人口结构逐步变化，劳动力的供给将迅速下降，经济发展对劳动力的需求却依然旺盛，提高居民工资收入具有良好的外部环境。从内部动力来看，确立合理的工资决定机制和增长机制，逐步扩大工人在工资决定机制的话语权，有利于改变"强资本、弱劳动"的不利局面，使工资充分反映劳动力市场供求和企业经济效益情况。可以预见，改革工资制度最终必然会大大提高工资在企业营业收入中的比例。此外，逐步提高最低工资标准，完善最低工资和工资指导线制度，无疑有助于提高我国总体的工资水平。

6.3.2　各要素收入分配份额将更加合理

"十二五"规划提出了完善公共资源制度，完善公开、公平、公正的公共资源出让制度，建立国有土地、矿产、森林等公共资源出让收益用于公共服务支出。扩大国有资本收益的上缴范围，提高上缴比例，统一纳入公共财政。公共资源所获得的收入和国有资本收益将用于改善民生，通过财政转移支付方式，将公共资源收入和国有资本收益部分转化为居民收入，平衡自然资源、资本和劳动在收入分配中所获得的收益，提高居民收入水平。"十二五"规划还重点提出了完善分红制度，增加居民财产性收入。在居民收入中，财产收入占有一定比例，可以作为居民劳动收入的一个重要的补充，分红制度的完善必将减轻企业与居民部门收入分配不合理现象，减少企业部门留存收益，增加居民收入。

"十二五"规划重点提出保障技术成果在收入分配中应得份额，这对于改变我国当前劳动与资本在收入分配中不均衡的状态有十分重要的意义。技术在经济发展中的地位越来越重要，保障技术成果的收入，不仅可以增加居民收入，还可以推动技术对经济增长发挥更大的作用。

"十二五"规划还提出建立健全根据经营管理绩效、风险和责任确定薪酬制度，严格规范国有企业高层管理人员收入。管理是经济增长中十分重要的要素，是投入产出效率的决定因素之一，规划要求管理层必须按照其在经济增长中的贡献进行分配，防止管理层侵占企业营业收入，挤占劳动力收入。

6.3.3　居民收入差距将缩小

"十二五"规划提出加快健全以税收、社会保障、转移支付为主要手段的再分配调节机制。合理调整个人所得税税基和税率结构，提高工资薪金所得费用扣除标准，减轻中低收入者税负，加大对高收入者的税收调节力度。逐步建立健全财产税制度。这些税收政策的实施，将直接对我国居民收入进行调节，高收入者将缴纳更多的税，低收入者少缴税或不缴税，居民收入结构更加合理，居民收入差距将会缩小。

"十二五"规划的一个重要举措是调整财政支出结构，提高公共服务支出比重，加大社会保障投入，较大幅度提高居民转移性收入。财政支出政策通过改变支出结构对居民收入进行调控，增加公共服务购买，增加社会保障投入，将使低收入者获得更多的补贴和转移支付，显著地提高低收入者的收入，居民收入差距将进一步缩小。

　　"十二五"规划提出改革国有企业工资总额管理办法，加强对部分行业工资总额和工资水平的双重调控，缩小行业间工资水平差距。正如本书前面的分析，我国居民收入差距很大程度上表现为行业之间的差距，主要是由于处于垄断地位的国企利用资本或行业政策壁垒，获取超额利润，挤占了其他行业和企业的利润。改革国有企业工资制度，加强国有企业工资管理，对国有企业的工资总额和水平进行调控，将会降低垄断行业工资水平，将各行业工资收入差距控制在合理范围内。

　　此外，还可以预见，我国收入分配的秩序将更加规范。"十二五"规划提出健全法律法规，强化政府监管，加大执法力度，加快形成公开透明、公正合理的收入分配秩序。保护合法收入，坚决取缔非法收入。清理规范国有企业和机关事业单位工资外收入、非货币性福利等。加强政府非税收入管理，清理规范各种行政事业性收费和政府性基金。加快收入信息检测系统建设。建立收入分配统筹协调机制。这些措施的逐步实施，必然将使我国居民收入分配更加合理，居民收入与国民经济实现协调增长。

第7章

居民收入与国民经济协调增长的实现机制

——以湖南省为例

中国共产党的十七届五中全会公报指出，"十二五"期间将加大收入分配格局调整力度，努力提高"两个比重"，即"逐步提高居民收入在国民收入分配中的比重、劳动报酬在初次分配中的比重"。

我国地域辽阔，人口众多，各个地区经济发展水平极不平衡，各个省份的收入分配现状也不尽相似，建立全国统一的居民收入调控机制显然是不实际的。要实现居民收入与国民经济协调增长，关键要根据我国各个地区居民收入分配现状因地制宜、有针对性地制定协调增长的实现机制。本章以湖南省为例进行个案分析。

7.1　湖南省居民收入增长现状分析①

"十一五"时期是改革开放以来湖南经济发展最快的五年，湖南省经济总量、人均 GDP、财政总收入实现了翻番。2010 年，湖南省生产总值达到 1.5 万亿元以上，是 2005 年的 2.3 倍，年均增速达到 14%，分别比"十五"时期、"九五"时期、"八五"时期、"七五"时期、"六五"时期高 3.6 个、4.3 个、3.5 个、7.4 个、4.9 个百分点；人均生产总值达到 23 100 元，是 2005 年的 2.2 倍，年均增长 13.3%，增速分别比"十五"时期、"九五"时期高 2.6 个、4.3 个百分点；财政总收入达到 1 862.9 亿元，是 2005 年的 2.5 倍，年均增长 20%，分别比"十五"时期、"九五"时期高 1.7 个、10.5 个百分点。湖南经济进入人均 GDP 超过 3 000 美元的新发展阶段。

伴随着经济的发展，湖南省城乡居民收入也快速增长。2010 年城乡居民人均收入分别达到 16 566 元、5 622 元，"十一五"期间年均增长 11.7%、12.5%，分别比"十五"时期高 2.8 个、5.3 个百分点；扣除价格上涨因素，年均实际增长 8.4%、8.8%。

在湖南省经济总量、人均 GDP 以及政府财政收入翻番的同时，城乡居民的收入虽然也得到了大幅度的提高，但是也存在一些相对性、结构性的问题，具体表现在三个方面：一是居民收入

---

① 我国收入法 GDP 的核算在 2004 年发生了显著的变化，一是个体经营业主收入从劳动收入变为营业盈余。2004 年以前，根据国家统计局出版的《中国国民经济核算体系 2002》的规定，"个体劳动者通过生产经营获得的纯收入，全部视为劳动者报酬，包括个人所得的劳动报酬和经营获得的利润"。但是在此之后，国家统计局规定"对于个体经济来说，业主的劳动报酬和经营利润不易区分，这两部分视为营业利润，而劳动者报酬仅包括个体经济中的雇员报酬"。二是对农业不再计营业盈余。这两大变化将对统计口径变化产生较大的影响，且影响较为复杂，考虑到对这两个统计口径变化影响的复杂性，本书不予考虑，特此说明。

整体呈"一升一降"；二是居民收入分配部门间呈现两个"不同步"；三是居民收入内部结构上呈现三个"不协调"。

7.1.1 居民收入呈现出"一升一降"的特点

从居民收入的绝对量来看，湖南省居民收入实现了快速的增长，但是相对于 GDP 的增速，居民收入仍然有所滞后。"十一五"期间，湖南省生产总值翻了 2.3 倍，年均增速达到 14%；人均生产总值增长了 2.2 倍，年均增长 13.3%；财政总收入增长了 2.5 倍，年均增长 20%。但是城镇居民人均收入只增长了 1.94 倍，年均增长 11.7%，农村居民人均收入增速只增长了 2.02 倍，年均增长 12.5%，居民收入增速明显滞后于国民经济增速。

7.1.1.1 居民收入整体呈上升趋势

湖南省居民收入整体呈上升趋势，具体表现在两个方面：一是城镇居民收入大幅度增长，二是农村居民收入大幅度增长。

"十一五"期间，湖南省城镇居民人均收入年均增长 11.7%，是 2005 年的 1.94 倍。2010 年湖南省城镇居民人均可支配收入达到 16 566 元，增长 9.8%，排中部第一位，与湖北、河南、江西、安徽、山西相比分别多 508 元、636 元、1 085 元、778 元、926 元；城镇居民人均可支配收入居全国第十三位，与东部城镇收入水平差距仍然较大（见表 7 - 1）。

"十一五"期间，湖南省农村居民人均收入年均增长 12.5%，是 2005 年的 2.02 倍。2010 年湖南省农民人均纯收入 5 622 元，增长 14.5%，排中部六省第三位，与湖北、江西相比分别少 209 元、167 元；居全国第十四位，与东部沿海省份相比，不足浙江省、上海市的一半，与广东、江苏、山东也有较大差距（见表 7 - 1）。

表 7 - 1　2010 年我国各省（自治区、直辖市）GDP 含金量排名

省份	GDP（亿元）	位次	人均GDP（元）	位次	城镇人均可支配收入（元）	位次	农民人均收入（元）	位次	城镇化率（%）	GDP含金量	位次
上海	16 872.42	9	87 816.81	1	31 838	1	13 746	1	88.6	0.4599	1
北京	13 777.9	13	78 506.55	2	19 073	8	13 262	2	85.0	0.4584	2
安徽	12 263.4	14	200 02.28	26	15 788	18	5 285	18	42.1	0.4435	3
贵州	4 594	26	12 095.84	31	14 180	27	3 400	30	29.9	0.4344	4
广西	9 502.39	18	19 568.35	27	17 064	12	4 543	24	39.2	0.4328	5
海南	2 052	28	23 748.08	23	15 581	21	5 275	19	49.1	0.4314	6
江西	9 435	19	1 287.59	24	15 481	22	5 789	13	43.2	0.4314	7
云南	7 220	24	15 795.23	29	16 065	15	3 952	28	34.0	0.4309	8
重庆	7 800	23	27 282.27	14	17 532	11	5 200	20	51.6	0.4299	9
浙江	27 100	4	52 316.6	5	27 359	2	11 303	4	57.9	0.4279	10
广东	45 473	1	47 180.95	7	23 898	4	7 890	6	63.4	0.4272	11
黑龙江	10 235	16	26 751.18	15	13 856	28	6 211	11	55.5	0.4163	12
福建	13 800	12	38 047.97	10	21 781	6	7 427	7	51.4	0.3946	13
四川	16 898.6	8	20 645.82	25	15 461	23	5 140	21	38.7	0.3862	14
湖南	15 902.12	10	24 823.79	20	16 566	13	5 622	14	43.2	0.3861	15
天津	9 108.83	20	74 166.48	3	24 293	3	11 801	3	78.0	0.3796	16
吉林	8 577	22	31 308.06	11	15 411	24	6 237	10	53.3	0.3687	17
湖北	15 806	11	27 632.87	13	16 058	16	5 831	12	46.0	0.3644	18
山西	9 088.1	21	26 516.33	17	15 640	20	4 730	22	46.0	0.3533	19
宁夏	1 643	29	26 279.59	18	15 345	25	4 675	23	46.1	0.3512	20
辽宁	18 278	7	42 319.98	8	17 713	9	6 908	9	60.4	0.3511	21
甘肃	4 100	27	15 557.06	30	13 062	31	3 308	31	32.7	0.3436	22
江苏	40 903	2	52 952.29	4	22 944	5	9 118	5	55.6	0.3367	23
河南	22 942.68	5	24 183.28	22	15 930	17	5 524	16	37.7	0.3345	24

续表

省份	GDP（亿元）	位次	人均GDP(元)	位次	城镇人均可支配收入(元)	位次	农民人均收入(元)	位次	城镇化率(%)	GDP含金量	位次
河北	20 197.1	6	28 711.9	12	16 190	14	5 510	17	43.0	0.3250	25
陕西	10 021.53	17	26 568.21	16	15 695	19	4 105	27	43.5	0.3242	26
山东	39 416.2	3	41 620.86	9	19 946	7	6 990	8	48.3	0.3127	27
青海	1 350.43	30	24 231.65	21	13 855	29	3 863	29	41.9	0.3064	28
新疆	5 418.81	25	25 103.01	19	13 500	30	4 500	25	39.9	0.2857	29
西藏	507.5	31	17 498.19	28	14 980	26	4 139	26	23.8	0.2600	30
内蒙古	11 655	15	48 120	6	17 698	10	5 530	15	53.4	0.2578	31

注：GDP 含金量 =（城镇人均可支配收入 + 农民人均收入）× 城镇化率/人均 GDP。

资料来源：中国经济周刊。

　　总体上来看，历经"八五"时期的高速增长和"九五"期间的快速回落，2003～2010 年湖南省人均收入增速连续六年保持两位数增长，变动趋势与其他省份（如河南、浙江、湖北、四川、山东等省份）十分相近（见图 7－1）。

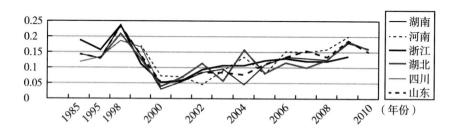

图 7－1　部分省份人均收入增速比较

注：人均收入 = 人均城镇可支配收入 × 城镇人口/总人口 + 农村人均纯收入 ×（1－城镇人口/总人口）。

资料来源：各地统计年鉴。

7.1.1.2　居民收入增速相对于 GDP 增速呈下降趋势

在湖南省经济快速增长的同时，居民收入虽然也得到了一定程度的提高，但是居民收入占 GDP 的比重却在不断下降，其增速也滞后于经济增长的速度，具体表现在以下三个方面：

一是居民收入占 GDP 的比重不断下降。1978～1995 年，湖南省居民收入占 GDP 比重维持在 60% 以上，但从 1995～2010 年，居民收入占 GDP 比重持续下降，由 1995 年的 66% 逐渐下降到 2010 年的 45%（见表 7－2）。最近的研究采用 GDP 含金量来衡量经济增长的质量，2010 年，湖南省 GDP 含金量 38.61%，居全国第十五位，中部六省第三位，落后于江西（43.14%）和安徽（44.35%）（见表 7－1）。

表 7－2　　　　湖南省历年人均可支配收入与人均 GDP

年份	城镇人均可支配收入（元）	农村人均纯收入（元）	人均 GDP（元）	城镇人口/总人口	人均收入（元）	人均收入增速（%）	人均收入占 GDP 比重（%）
1978	323.9	142.6	284	0.11	162	—	55
1980	475.9	219.7	361	0.13	253	56	70
1985	760.8	395.3	620	0.16	453	79	73
1990	1 591.5	545.7	1 217	0.18	733	62	60
1995	4 699.2	1 425.2	3 335	0.24	2 210	200	66
1997	5 209.7	2 037.1	4 406	0.26	2 861	29	65
1998	5 434.3	2 064.9	4 652	0.26	2 940	3	63
1999	5 815.4	2 147.2	4 920	0.26	3 100	5	63
2000	6 218.7	2 197.2	5 411	0.29	3 363	8	62
2001	6 780.6	2 299.5	5 808	0.31	3 688	9	63
2002	6 958.6	2 397.9	6 262	0.32	3 857	5	62

续表

年份	城镇人均可支配收入（元）	农村人均纯收入（元）	人均GDP（元）	城镇人口/总人口	人均收入（元）	人均收入增速（%）	人均收入占GDP比重（%）
2003	7 674.2	2 532.9	6 993	0.34	4 280	10	61
2004	8 617.5	2 837.8	8 423	0.35	4 860	14	58
2005	9 524.0	3 117.7	9 671	0.37	5 488	13	57
2006	10 504.7	3 389.8	11 182	0.39	6 164	12	55
2007	12 293.5	3 904.3	13 519	0.40	7 259	18	54
2008	13 821.2	4 512.5	16 298	0.42	8 422	16	51
2009	15 084.0	4 910.0	20 226	—	9 182	9	45
2010	16 566.0	5 622.0	22 960	—	10 437	13	45

注：湖南省人均收入 = 湖南省城镇人均可支配收入 × 城镇人口/总人口 + 湖南省农村人均纯收入 × （1 - 城镇人口/总人口），2009 年、2010 年人均收入的计算过程中，城镇人口/总人口沿用 2008 年数据。

资料来源：1978 ~ 2008 年数据来自历年统计年鉴和国民经济及社会发展统计公报，2009 年统计数据来自湖南调查信息网。

二是人均收入增速滞后于人均 GDP 增速。2000 年以前，湖南省人均收入增速和人均 GDP 增速基本保持一致，但 2000 年以后，人均收入增速逐渐背离人均 GDP 增速，且相差越来越大（见图 7 - 2）。

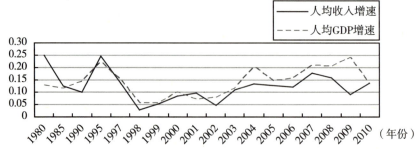

图 7 - 2　湖南省人均收入增速与 GDP 增速比较

三是单位 GDP 中人均收入所占比重不断降低。湖南省单位 GDP 中所含人均收入自 1995 年以来一直在降低（见图 7 - 3），从 1995 年的 66% 降到 2010 年的 45%。这说明，单位 GDP 中属于劳动者的部分越来越少，而被其他部门收入挤占。

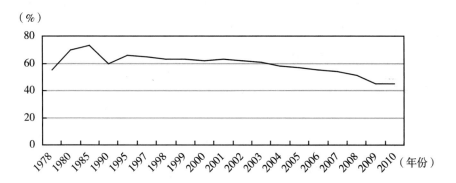

图 7 - 3　湖南单位 GDP 人均收入的变动情况

注：湖南省人均收入 = 湖南省城镇人均可支配收入 × 城镇人口/总人口 + 湖南省农村人均纯收入 × （1 - 城镇人口/总人口），2009 年人均收入的计算过程中，城镇人口/总人口沿用 2008 年数据。

资料来源：1978 ~ 2009 年数据来自历年统计年鉴及国民经济及社会发展统计公报，2010 年统计数据来自湖南调查信息网。

7.1.2　部门间呈现出"两个不同步"的特点

近几年，湖南省居民最终实际可支配收入比重急剧下降，与之相对的是，企业利润增速与政府财政收入增速不断提高。在初次分配领域，居民收入增长存在"两个不同步"，即居民收入增长与企业利润增长不同步；居民收入增长与财政收入增长不同步。

7.1.2.1 居民收入与企业利润增长不同步

居民收入与企业利润增长不同步，具体表现在两个方面：

一是居民收入增长与规模以上工业企业利润增长不同步。近年来，随着湖南省新型工业化战略的推进，企业得到了快速的发展，企业利润也不断攀升，2004～2010 年，规模以上工业企业利润年均增速达到 25% 以上，除 2008 年以外，其他年份均远高于当年居民收入增速（见图 7 - 4）。

二是居民收入增长与国有企业利润增长不同步。湖南省国有企业比重较高，而企业历年分派红利数量极少，企业利润难以转化为居民收入，国有企业利润增速远高于居民收入增速，造成了湖南省企业经营盈余占 GDP 比重较大，居民收入被挤占的局面。

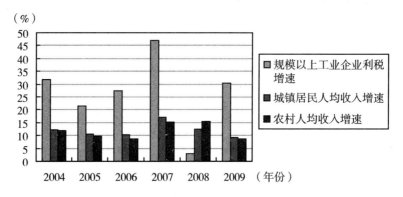

图 7 - 4 湖南省居民收入增速与工业利润增速比较

资料来源：2009 年湖南省统计年鉴。

7.1.2.2 居民收入与财政收入增长不同步

我国目前实施分税制，财政总收入分为地方财政收入和中央财政收入两部分。湖南省居民收入与财政收入增长不同步，具体表现在以下两个方面。

一是财政总收入增速高于城乡居民收入增速。2010 年，湖南省财政总收入 1 862.88 亿元，增长 23.3%，是 2005 年的 2.49 倍，年均增长 20% 左右。2010 年，湖南省城乡居民人均收入分别达到 16 566 元、5 622 元，五年年均分别实际增长 11.7%、9.8%。财政总收入增速远高于同期城乡居民收入增速（见图 7-5）。

图 7-5　湖南省财政总收入增速与城乡居民收入增速对比

资料来源：2009 年湖南省统计年鉴，2010 年统计数据来自湖南调查信息网。

二是地方财政收入增速高于城乡居民人均收入增速。2010 年，湖南省地方财政收入 1 065.96 亿元，增长 26.8%，是 2005 年的 2.69 倍，年均增长 21% 左右（见表 7-3）。2010 年，湖南省城乡居民人均收入分别达到 16 566 元、5 622 元，五年年均分别实际增长 11.7%、9.8%。地方财政收入增速远高于同期城乡居民收入增速。

表 7-3　　　　　　　湖南省财政收入占 GDP 比重　　　　　单位：亿元

年份	地方财政收入	GDP	地方财政收入/GDP
1998	156.77	3 025.53	0.05
1999	166.50	3 214.54	0.05
2000	177.04	3 551.49	0.05
2001	205.41	3 831.90	0.05

年份	地方财政收入	GDP	地方财政收入/GDP
2002	231.15	4 151.54	0.06
2003	268.65	4 659.99	0.06
2004	320.63	5 641.94	0.06
2005	395.27	6 511.34	0.06
2006	477.93	7 568.89	0.06
2007	603.20	9 145.00	0.07
2008	717.03	11 156.00	0.06
2009	840.22	12 930.69	0.06
2010	1 065.96	15 902.12	0.07

资料来源：2009 年湖南省统计年鉴，2010 年统计数据来自湖南调查信息网。

7.1.3 结构上呈现出"三个不协调"的特点

居民收入结构上呈现出"三个不协调"，具体表现在产业间居民收入占比不协调、行业间居民收入增长不协调、城乡居民收入增长不协调。

7.1.3.1 产业间居民收入占比不协调

从第一、第二和第三产业劳动者报酬占总产值的比例来看，传统的农业部门存在"五低一高"，即技术水平低，资本占比低，人力资本低，劳动生产率低，人均收入水平低和劳动者报酬占比高；现代部门与传统部门不同，劳动者报酬占总产值比重低，而资本和技术报酬占总产值比重高。从湖南省 2005～2007 年的数据来看，第一产业劳动者报酬占总产值的比重一直维持在 90% 左右，而第二产业劳动者报酬占总产值的比重仅仅在 30% 左右，第三产业劳动者报酬占总产值的比例基本维持在 37% 左右（见表 7－4）。

表7-4 地区生产总值分解：按第一、第二、第三产业分类 单位：亿元

指 标	2005 年	2006 年	2007 年
地区生产总值	6 511.34	7 568.89	9 200
第一产业	1 274.15	1 332.23	1 626.52
劳动者报酬	1 049.05	1 311.4	1 602.51
固定资产折旧	63.93	20.41	20.64
生产税净额	15.09	0.42	3.37
营业盈余	146.08	0	0
第二产业	2 596.71	3 151.7	3 916.44
劳动者报酬	891.44	1 075.86	1 328.61
固定资产折旧	288.13	353.18	432.51
生产税净额	609.49	746.28	933.06
营业盈余	807.65	976.38	1 222.26
第三产业	2 640.48	3 084.96	3 657.04
劳动者报酬	999.17	1 146.39	1 341.88
固定资产折旧	495.11	617.17	734.93
生产税净额	212.07	246.77	294.15
营业盈余	934.13	1 074.63	1 286.08

资料来源：2009 年湖南省统计年鉴。

湖南省是农业大省，第一产业占据了相当大的比重。随着湖南省经济和社会的发展，产业结构升级导致第一产业在经济中的比重不断降低，而第二产业和第三产业比重不断上升（见图7-6）。

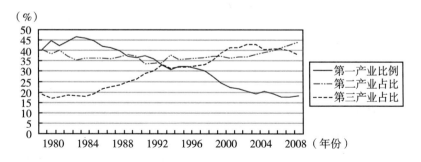

图7-6 湖南省产业结构变动

资料来源：2009 年湖南省统计年鉴。

随着产业结构的升级，一方面，大量农业剩余劳动力和隐蔽失业的劳动力加大了现代部门的就业压力，导致其劳动收入水平增长缓慢；另一方面，现代部门的发展将进一步提高其资本占比，从而对劳动收入份额产生负面影响。因此，湖南省总体劳动者报酬占比随经济结构转型而下降。

7.1.3.2　行业间居民收入增长不协调

改革开放以来，湖南省各行业就业者的收入总体水平提高，但提高幅度明显不同，行业间收入差距进一步扩大。从湖南城镇各行业在岗职工年平均工资看，1988 年，湖南最高收入行业与最低收入行业的职工年平均工资之比为 1.52∶1，2008 年上升为 2.37∶1，最高收入行业与最低收入行业之间的工资差距仍在扩大（见表 7-5）。

表 7-5　　　　　　　湖南省行业间收入差距的比较　　　　　　单位：元

行业分类	2004 年	2005 年	2006 年	2007 年	2008 年
信息传输、计算机服务和软件业	26 602	29 834	32 178	33 871	33 629
金融业	20 507	22 881	25 966	30 992	36 909
科学研究、技术服务和地质勘查业	16 749	17 990	21 655	27 019	30 261
卫生、社会保障、福利业	17 281	19 125	22 124	26 955	30 338
文化、体育和娱乐业	16 299	18 438	21 748	25 091	26 677
电力、煤气及水的生产和供应业	16 442	18 302	20 412	24 708	29 564
教育	14 529	16 625	18 688	24 237	27 511
公共管理和社会组织	14 443	16 092	17 991	22 740	26 418
交通运输、仓储和邮政业	14 659	17 452	20 286	22 297	25 428
房地产业	13 986	15 376	17 831	22 228	24 719
租赁和商务服务业	13 632	14 344	16 044	19 987	20 355
制造业	12 954	14 474	17 028	19 782	22 189

续表

行业分类	2004 年	2005 年	2006 年	2007 年	2008 年
居民服务和其他服务业	14 140	14 307	15 631	19 458	20 726
批发和零售业	12 047	14 627	17 272	19 152	22 798
水利、环境和公共设施管理业	10 907	13 052	14 004	17 939	21 134
采矿业	10 838	13 698	15 605	17 475	21 234
建筑业	10 770	12 077	13 691	16 713	19 117
住宿和餐饮业	10 162	12 477	14 437	14 755	15 935
农林牧渔业	6 961	7 152	8 610	10 632	15 604

资料来源:《湖南省统计年鉴》(2009)。

行业间收入分配总趋势是向技术密集型、资本密集型行业和新兴产业倾斜,某些垄断行业的收入更高,而资本含量少、劳动密集、竞争充分的传统行业,收入则相对较低。具体而言,以电力、电信、金融、保险、烟草五大行业为代表的垄断行业收入增速与 GDP 增速基本保持一致,且高于国际平均水平;但是农林牧渔业,住宿和餐饮业等竞争性行业收入增速要明显低于 GDP 增速,且低于国际平均水平(见图 7 - 7)。

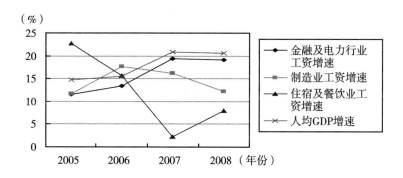

图 7 - 7　行业工资增速与人均 GDP 增速比较

资料来源:《湖南省统计年鉴》(2009)。

从统计口径上来看，电力、电信、金融、保险、烟草等行业职工的人均工资是其他行业职工人均工资的 2～3 倍（见表 7-6）。但实际上，若再加上隐性福利待遇，实际收入差距可能已达 10 倍。而国际上公认行业间收入差距的公平程度在 3 倍左右。

表7-6   **行业间收入差距的国际比较**

国家或地区	年份	平均工资最高	数值（本币）	平均工资最低	数值（本币）	最高/最低
日本	2007	电力、煤气及水的生产及供应业	405 700	住宿和餐饮业	239 500	1.69
英国	2006	金融及房地产	14.18	零售及餐饮业	7.41	1.91
法国	2002	金融保险业	2 133	住宿及餐饮业	1 091	1.96
德国	2006	电力、煤气及水的生产及供应业	18.55	农业、林业	7.94	2.34
韩国	2007	电力、煤气及水的生产及供应业	4 648	住宿及餐饮	1 622	2.87
湖南	2008	金融业	36 909	农林牧渔业	15 604	2.36

资料来源：国际劳动组织数据库及湖南省统计局。

2006～2009 年，湖南省以住宿、餐饮为代表的竞争性行业名义工资增速一直维持在 3%～10% 之间，远低于名义 GDP 增速（15% 以上），每年滞后约 10 个百分点。

7.1.3.3　城乡居民收入增长不协调

湖南省居民收入增长不平衡主要表现在：城乡居民收入增长长期低于 GDP 增速；农民工工资增速远远滞后于在岗职工工资增速；城乡居民收入之间的差距仍在拉大。

首先，湖南省城乡居民收入增长长期滞后于经济增长。根据

1998～2010年湖南省的统计数据，湖南省城镇居民收入增速和农村居民收入增速均长期低于GDP增速。2002～2010年，湖南省城乡居民收入增长平均每年滞后于人均GDP增速5个百分点左右（见图7-8）。其中，农村居民收入增长滞后尤其突出。

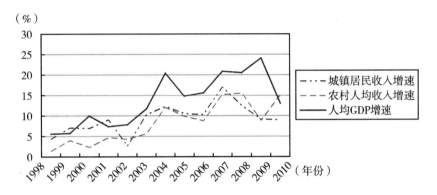

图7-8　湖南省居民收入增速与GDP增速比较

资料来源：《湖南省统计年鉴》（2010）。

其次，从农民工工资与在岗职工工资增速比较来看，农民工工资增速要远远滞后于在岗职工工资增速（见图7-9）。

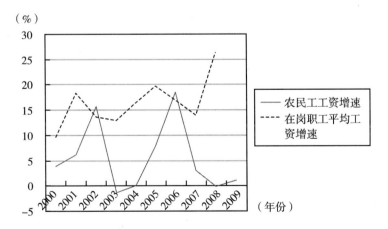

图7-9　湖南省农民工工资增速和在岗职工工资增速比较

资料来源：《湖南省统计年鉴》（2010）。

再次，从城乡居民收入差距来看，1998～2010 年，湖南省城镇居民人均收入由 5 434 元增长到 16 566 元，增长了 3.04 倍，而同期农民人均收入由 2 065 元增长到 5 622 元，增长了 2.72 倍（见表 7 - 7）。

表 7 - 7　　　　1978 年以来湖南省城乡收入差距状况　　　　单位：元

年份	城镇人均可支配收入	农村人均纯收入	城乡居民收入比值	城乡居民收入绝对差
1978	323.9	142.56	2.27	181
1980	475.9	219.72	2.17	256
1985	760.8	395.26	1.92	366
1990	1 591.5	545.69	2.40	927
1995	4 699.2	1 425.16	3.30	3 274
1997	5 209.7	2 037.06	2.56	3 172
1998	5 434.3	2 064.85	2.63	3 369
1999	5 815.4	2 147.18	2.71	3 668
2000	6 218.7	2 197.16	2.83	4 022
2001	6 780.6	2 299.46	2.95	4 482
2002	6 958.6	2 397.92	2.90	4 561
2003	7 674.2	2 532.87	3.03	5 141
2004	8 617.48	2 837.76	3.04	5 779
2005	9 524.0	3 117.74	3.05	6 406
2006	10 504.67	3 389.81	3.10	7 115
2007	12 293.54	3 904.26	3.15	8 390
2008	13 821.20	4 512.50	3.06	9 309
2009	15 084	4 910	3.07	10 174
2010	16 566	5 622	2.94	10 944

资料来源：1978～2009 年数据来自历年统计年鉴及统计公报，2010 年统计数据来自湖南调查信息网。

　　城乡居民收入差距仍在不断拉大（见图7－10），2010年，城乡居民人均收入比已达到2.94：1。

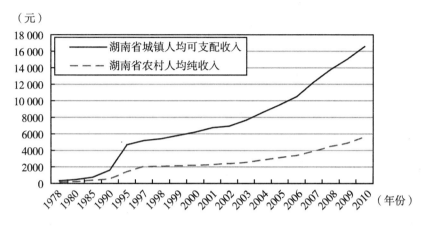

图7－10　湖南省城乡居民收入差距

资料来源：《湖南省统计年鉴》（2010）。

　　城乡居民收入差距拉大，不仅体现在名义收入状况，更深层次地表现为基本公共服务的供给不平衡。如果把基本公共服务，包括义务教育、医疗卫生、社会保障等因素考虑在内，湖南省城乡居民人均实际收入差距将扩大到5～6倍左右。据此估算，城乡基本公共服务差距对城乡居民人均实际收入差距的影响度达到40％以上。

7.2　湖南省居民收入与国民经济协调增长的关联机制

　　实现湖南省居民收入与国民经济协调增长，就是走好"增长"和"共享"的平衡木，在增加社会财富的同时，让广大人民分享到社会经济发展的成果，提高老百姓的幸福指数。构建湖南省居民收入与国民经济协调增长的关联机制，关键是结合国情、省情，挖掘和利用有利条件，克服和转换不利条件，以理论模型和实证分析的基本结论为指导，借鉴国际收入分配调节的成功经验，分步骤、分阶段地展开。

从国情来看，"十二五"规划明确指出，要坚持民生优先原则。在收入分配、就业、基本公共服务、医疗、教育、住房、社会保障等诸多方面，提出了明确目标和具体要求。具体来说，一是提出了定量的明确目标。与"十一五"规划相比，"十二五"规划纲要的经济增长预期指标从年均增长 7.5% 下调为 7%；居民收入预期指标从年均实际增长 5% 提高为 7% 以上，明确提出收入增速不低于经济增速，并提出了城乡居民收入增长和经济发展同步，劳动报酬增长和劳动生产率提高同步的"两个同步"基本导向。建立健全覆盖城乡的社会保障体系。今后五年要实现新型农村养老保险全覆盖，城镇参加基本养老保险的人数要新增 1 亿人。完善基本医疗卫生制度，实现全民享有基本医疗保障，城乡三项基本医疗保险参保率提高 3 个百分点。提高住房保障水平，"十二五"时期将建设 3 600 万套城镇保障性住房。二是提出了定性的具体要求，建立健全基本公共服务体系，包括公共教育、就业服务、社会保障、医疗卫生、住房保障等 9 个方面。城乡居民无论是生活在东部还是西部、农村还是城市，政府都要提供同样水平的基本公共服务。实施就业优先战略，特别是重点解决高校毕业生、农村转移劳动力和城镇就业困难人员就业问题。国家"十二五"规划从宏观、全局的角度对收入分配问题进行战略指导，这无疑是实现湖南省居民收入与国民经济协调增长的重大利好之一。

从省情来看，《湖南省保障和改善民生实施纲要（2011～2015）》提出了实施保障和改善民生的八大工程，包括：就业增收、社会保障、素质提升、全民健康、安居宜居、畅通、安全、解困。在就业增收和社会保障方面，"十二五"期间，城镇居民人均可支配收入年均增长 10% 以上，力争全省农民人均纯收入年均增长 10% 以上。5 年内，全省新增城镇就业和农村劳动力转移就业分别达到 300 万人以上，确保城镇登记失业率控制在 5% 以内。鼓励自主创业，支持全民创业。帮助就业困难群体就业，确保零就业家庭动态清零。促进农村转移劳动力就业，着力解决高校毕业生就业问题，引导支持毕业生到城乡基层就业和支教、支农、支医、扶贫。推进养老保险全覆盖，逐步建立实施城镇居民养老保险制度。完善外出务工人员养老保险跨省转移接续办法。"十二五"期间按照国家统一部署，实现"新农保"制度全覆盖。完善基本医疗保障制度。将城乡基本医疗保险参保率巩固在 95% 以上。逐步提高参保人员住院费用报销比例和统筹基金最高支付限额，减轻参保人员医疗费用负担。湖南省首次明确提出保障和改善民生实施纲要，为居民收入增长创造了良好的有利条件。

此外，随着刘易斯拐点的临近和到来，人口红利消失，湖南省居民收入从客观上也将进入上升通道，这也为居民收入的提高营造了客观的内部环境。但是，一些不利的因素也不容忽视。主要表现在：一方面，湖南省是农业大省，也是内陆大省，经济发展水平不高，提高居民收入的举措必然从某些方面影响企业和政府以及社会方方面面的投资决策，最终影响到经济增长本身，因此在制定相关政策的同时要考虑对经济增长的影响。另一方面，湖南省内部区域之间发展很不平衡，这也为居民收入增长的政策推行带来了难度，因此，在制定居民收入分配政策的时候需要考虑不同区域经济发展水平的差异，有针对性地实施。此外，湖南省居民收入分配政策的制定，受到国家宏观政策的约束，尤其在财政、税收等政策方面，省一级的自主权有限，因此在制定政策的同时要充分考虑国情和省情的统一。

综上所述，构建湖南省居民收入与国民经济协调增长的关联机制，一方面要与国家宏观规划和湖南省具体政策相一致，另一方面要以理论和实证的结果为指导，充分考虑有利条件和不利条件，先"明确思路"，再"分步实施"。

7.2.1 总体思路

根据本书理论和实证分析的基本结论，结合国家"十二五"规划、湖南省保障和改善民生实施纲要的指导思想，湖南省实现居民收入与经济协调增长的总体思路是：以居民收入占 GDP 比重达到 53% ~59% 为总目标，立足湖南省省情及财力实际，制定"三步走"调控措施，明确"三步走"的具体目标和主要举措，具体来说，第一步，近期以中部六省为参照，"加快追赶"，在两年内达到中部领先水平；第二步，中期以实现居民收入长足增长为目标，"收入倍增"，在"十二五"期末实现居民收入翻一番；第三步，远期以福利国家平均水平为目标，"同步协调"，基本实现居民收入与国民经济协调增长。

7.2.2 第一步：近期"提标达标，加快追赶"

在"加快追赶"上，近期主要措施是"提标达标"，用两年的时间将居民收入分配过程中不合理、不协调的地方进行调整，将居民收入分配领域仍然在继续恶化的指标控制并扭转过来，达到中部六省领先水平。

之所以选择两年的时间，主要基于以下三个方面的原因：第一，目前湖南省收入分配各个主要指标和控制线基本居于中部六省中间偏上的水平，用两年的时间进行宏观和微观相结合的调控措施在现实上具有可行性。第二，居民收入分配涉及宏观和微观方方面面的问题。宏观上，既受到经济增长本身的影响，又受到通货膨胀的影响；微观上，各个控制线的调整对居民收入分配的总体影响是复杂和不可预测的，因此必须根据每一年的宏观经济指标和实际调控效果动态地调整居民收入与国民经济协调增长的机制。第三，国家宏观调控政策的不确定性也从客观上要求湖南省在具体调控措施上留有余地，分阶段、分步骤实施。

7.2.2.1　主要目标

以中部六省领先水平为目标，通过两年（2011～2012年）"提标达标"的努力，将居民收入分配过程中不合理、不协调的地方进行调整，使居民收入占 GDP 比重达到 50% 左右，居民收入增长与分配各主要指标达到中部六省领先水平。

7.2.2.2　具体举措

一是调整居民收入增速。2010 年上半年，中部六省城镇居民人均可支配收入增速仅湖北和安徽超过了全国平均水平（10.2%），农村居民人均现金收入增速仅山西、江西和湖北超过了全国平均水平（12.6%），湖南省城乡居民收入增速排名相对靠后。自"十二五"开局之年起，湖南省要通过加快发展、宏观调控，使城乡居民收入在"十二五"时期的前两年年均增速达到 16% 左右（扣除物价上涨因素约为 12% 左右），到 2012 年年末，居民收入增幅达到 35% 左右，居民收入占 GDP 的比重从目前的 45% 左右提升到 50% 左右。从居民收入的四大源头，即工资性收入、经营性收入、财产性收入和转移性收入入手，全面制定提升居民收入的现实举措和保障措施，包括制定合理的工资增长机制，确保对居民收入贡献率达到 50% 以上的工资性收入增速达到

16%左右；进一步放开市场机制和发展服务业，提升居民经营性
收入和财产性收入，确保经营性收入增速达到16%左右，稳步提
高城镇居民财产性收入的同时，探索增加农村居民财产性收入的
渠道；加大转移支付力度，提高社会保障水平，确保转移性收入
增速达到16%左右，达到中部六省领先水平。

　　根据湖南省2009年基本统计数据，假定在其他收入来源不
变的情况下，居民各分项收入来源每增加1个百分点，居民收入
占GDP比重变化见表7-8。

表7-8　　2009年居民收入占比随居民收入来源变化幅度　　单位：元

	工薪收入	经营性收入	转移性收入	财产性收入
城镇居民	8 980	1 744	3 941	419
农村居民	2 233. 99	2 258	417. 7	
单项收入每提高1%，居民收入占比提高幅度（%）	0. 25	0. 10	0. 10	
单项收入提高对居民收入提高的贡献度（%）	56	22	22	

　　资料来源：《湖南省统计年鉴》（2010）。

　　由表7-8可以看出，从居民收入来源来看，提高居民工薪
收入对于提高居民收入效果最明显，居民工薪收入每提高1个百
分点，居民收入占GDP比重提高0.25个百分点，对居民收入提
高的贡献率达到56%；经营性收入和转移性收入提高对居民收入
提高的贡献度一致，每提高1个百分点，居民收入占GDP比重提
高0.1个百分点；工薪收入和经营性收入共同构成了劳动者报酬
的税后部分，劳动者报酬的税后部分每提高1个百分点，居民收
入占比提高0.35个百分点，对居民收入提高的贡献率达到了
78%。由此可见，在居民收入初次分配过程中，提高居民工薪收

入对提高居民收入的效果最明显，是提高居民收入、实现初次分配效率的主要抓手；在居民收入再分配过程中，提高转移性收入是提高居民收入、促进社会公平的重要组成部分。

实现湖南省居民收入与国民经济增长协调，在两年之内达到中部六省领先水平，根据前面的测算，在两年内，根据每年 GDP 增长幅度不同，居民工薪收入增速每年高于 GDP 增长率 4 ~ 6 个百分点，居民收入年均增速达到 16% 左右（扣除物价上涨因素约为 12% 左右），居民收入占 GDP 的比重每年将提高 1 ~ 1.5 个百分点，两年将整体提高 2 ~ 3 个百分点；经营性收入和转移性收入每年高于 GDP 增长率 4 ~ 6 个百分点，居民收入占 GDP 的比重每年将提高 0.8 ~ 1.2 个百分点，两年将整体提高 1.6 ~ 2.4 个百分点。因此，在两年内，提高居民工薪收入、财产性收入和转移性收入增速，使之每年平均高于 GDP 增速 4 ~ 6 个百分点，年均增速达到 16% 左右（扣除物价上涨因素约为 12% 左右），到 2012 年年末，居民收入增幅达到 35% 左右，居民收入占 GDP 的比重从 45% 提升到 50% 左右。

二是调整居民收入结构。主要是要稳步提高劳动报酬占比、中等收入群体占比、居民消费占比，降低城乡收入差距比。

（1）稳步提高劳动报酬占 GDP 的比重。2011 ~ 2012 年两年内平均每年将劳动报酬占 GDP 的比重提高 1 个百分点，使劳动报酬占比从目前的 50% 提高到 52% 左右。

在我国，居民收入的主要来源是劳动报酬。因此提高劳动报酬占 GDP 的比重，是提高居民收入占 GDP 的比重、使居民收入与 GDP 协调增长的"定海神针"。

根据财政部财科所的研究结论，我国劳动报酬占比与国际平均水平比较起来明显偏低。为确保比较的科学性，他们选择了 7 个具有代表性的发达国家——澳大利亚、加拿大、法国、德国、日本、英国和美国，以及"金砖国家"中的巴西、印度和俄罗斯，在采用统一的统计口径进行计算的前提下，对以上 10 个国家的数据进行标准化处理，得出了这一基本结论。其中，印度、巴西和俄罗斯工薪收入占比均在 40% 或以下，发达国家均在 50% 以上。借鉴这一基本思路，我们采用图 5 - 1 中的基本数据，选取发达国家包括美国、日本、英国、加拿大和德国，发展中国家的中国、印度、南非、巴西和俄罗斯的基本数据进行加权平均，计算得到这一样本组的平均水平为 54% 左右。从长远来看，我国劳动报酬占比要达到 54% 左右才能达到国际平均水平。

湖南省国民收入初次分配过程中，尽管整体水平这两年以来有所回升，但是仍然存在劳动者报酬占比少，企业和政府收入占比多的现象（见表 7 - 9）。湖南省劳动者报酬占 GDP 比重 2009 年为 50%，湖北省、安徽省、江西省、河南省、山西省劳动报酬占比分别为 48%、50%、41%、49% 和 46%。湖南省劳动报酬占比在中部六省中已经处于领先水平，略高于 2009 年全国平均水平 48%，但是与国际平均水平相比处于中等偏下的水平，因此要适当提高劳动报酬占 GDP 的比重，使之达到 54% 左右，在 2011～2012 年，平均每年提高劳动报酬占 GDP 的比重 1 个百分点左右，在 2012 年年末达到 52% 的水平。

表 7 - 9　　　　湖南省国民收入初次分配总收入的分类构成　　　单位：亿元

年份	地区生产总值	劳动者报酬	固定资产折旧	生产税净额	营业盈余
2005	6 511.34	2 939.66 （占比 45%）	847.17 （占比 13%）	836.65 （占比 13%）	1 887.86 （占比 29%）
2006	7 568.89	3 533.65 （占比 47%）	990.76 （占比 13%）	993.47 （占比 13%）	2 051.01 （占比 27%）

续表

年份	地区生产总值	劳动者报酬	固定资产折旧	生产税净额	营业盈余
2007	9 200.00	4 273.00 （占比46%）	1 188.08 （占比13%）	1 230.58 （占比13%）	2 508.34 （占比28%）
2009	13 059.69	6 561.52 （占比50%）	1 363.08 （占比10%）	1 958.85 （占比15%）	3 176.24 （占比24%）

资料来源：《湖南省统计年鉴》（2010），2008 年统计数据缺失。

（2）稳步提高中等收入群体占比。按照人均年收入 8 000 ~ 10 000 美元的家庭列入中等收入家庭的标准，我国目前这一指标为 18%，而国际水平为 40% ~ 50%。在 2011 ~ 2012 年两年内平均每年提高中等收入群体占比 3 ~ 4 个百分点，达到 24% ~ 26% 之间。

从居民收入分配格局来看，全球视域下，世界上许多现代化发达国家都是"橄榄型"的收入分配格局。所谓"橄榄型"社会，它所表明的是社会阶层结构中极富极穷的"两极"很小而中间阶层相当庞大。正是这种结构铸就了许多国家今日的发达和辉煌。中等收入群体是社会成员的一个组成部分，在不同的国家和地区以及不同的经济发展时期都存在，并且对现实的经济与社会运行产生作用和影响。从经济的发展和社会的稳定来看，中等收入群体的作用越来越强，其规模和数量的大小已经成为现代社会构成的重要标志。因此，培育规模宏大的中等收入群体就成为现实社会发展所要追求的重要目标。

庞大的中产阶级具有对社会贫富分化较强的调节功能和对社会利益冲突较强的缓冲功能，中产阶级强大的消费能力同时又是整个经济社会强劲的增长极。而根据我国目前的现状，中产阶级所占的比例（20% 以内）要远远低于世界平均水平（40% 以上）。因此，提高中等收入群体所占的比重，是提高居民收入占

GDP 比重、实现内需拉动型经济增长方式的重要举措。

在美国，中等收入家庭可以具体地指年收入在 2.5 万 ~ 10 万美元的家庭，这个阶层占美国总人口的 80% 左右。根据世界银行的研究，世界范围内中等收入者的年人均收入起点标准为 3 470 美元，经购买力平价调整后大约相当于 14 500 元人民币。国内有学者认为，被列入中等收入家庭的人均年收入应为 8 000 ~ 10 000 美元。有的学者则认为，以个人人均年收入及财富拥有量折合人民币在 2.5 万 ~ 3.5 万元左右，家庭（以核心家庭的三口之家两位就业者为参照）年均收入在 5 万 ~ 7 万元为基准，可以被看做是处于我国社会的中间阶层。

如果以世界银行公布的世界中等收入者平均收入水平为标准，目前这一收入水平的人群在我国统计局的统计中属于最高收入组，约占人口总数的 10%。如果按照我国将人均年收入 8 000 ~ 10 000 美元的家庭列入中等收入家庭的标准，它们的比重为 18%。这与中国社会科学院社会学研究所 2006 年 3 月至 5 月进行的"中国社会状况调查"（CGSS2006）的数据基本一致（17.8%），而国外中等收入者的比重一般为 40% ~ 50%，美国高达 80%，阿根廷、巴西等拉美国家为 35% 左右。然而，不论是按照国际的平均标准来衡量，还是按照国内学者的标准来界定，一个明显的事实是，我国及湖南省中等收入者所占的比重都是偏低甚至很低的，提高居民收入比重的重要途径就是增加中等收入阶层的收入，提高中等收入者占总人口的比重，至少要达到国外的一般水平，即 40% ~ 50%。由于湖南省这一数据的不可获得性，仍然以中国社会科学院社会学研究所 2006 年 3 月至 5 月进行的"中国社会状况调查"（CGSS2006）的数据为基准，结合湖南省居民收入水平的实际，以人均 2.5 万 ~ 3.5 万元，家庭年均收入 5 万 ~ 7 万元为中等收入群体参照标准，建立中等收入家庭统计指标。湖南省中等收入群体占总人口比重每提高 1 个百分点，居民收入占 GDP 比重将提高 0.8 个百分点，2011～2012 年平均每年将这一指标提高 4～6 个百分点，2012 年末居民收入占 GDP 比重将提高到 50% 左右，达到中部领先水平。

（3）提高居民消费占 GDP 的比重。目前湖南省这一指标为 35% 左右，在两年内平均每年提高 1～2 个百分点，达到 37%～39%。

近几年，湖南省平均总资产报酬率维持在 10% 以上，而居民最终消费率维持在 40% 以下，经济持续多年的快速增长，主要是依靠投资和区外经济拉动。

根据世界银行的数据，世界中等收入国家居民消费占 GDP 的比重平均水平为 60%，中低收入国家平均水平为 41%。而湖南省这一指标 2007 年为 35% 左右，和同期全国的平均水平一致。因此，从长远来看，湖南省居民消费占 GDP 的比重应当调整到 40%～60% 的水平，近期目标主要是在两年内平均每年提高 1～2 个百分点，达到 37%～39%。

（4）缩小城乡居民收入比。稳步提高城镇居民收入水平，增速高于 GDP 增速 4～5 个百分点，年均增速达到 15% 左右；加快提高农村居民收入水平，增速高于 GDP 增速 6～8 个百分点，年均增速达到 17% 左右，在两年内使城乡收入差距比缩小到 2.9：1 之内。

城乡居民收入比，是衡量城乡协调发展的重要尺度，是全面建设小康社会的监测指标。目前，全国城乡居民收入比为 3.3：1。东部城乡居民收入比在 2.9：1 以内，广东差距最大。2009 年东部十省（市）城乡居民收入增长较快，城乡收入比较小，绝大多数都在 2.9：1 以内。中部六省城乡居民收入比在 3：1 以上，山西差距最大（见表 7 – 10）。

表7-10 　　　　　　　中部六省城乡收入差距比较　　　　　　单位：元

省份	城镇人均可支配收入	农村人均纯收入	收入比
湖南	15 084	4 910	3.1：1
山西	13 997	4 244	3.3：1
安徽	14 086	4 504	3.1：1
湖北	14 367	5 035.3	2.9：1
江西	14 020	5 075	2.8：1
河南	14 372	4 807	3：1

资料来源：《中国统计年鉴》（2010）。

从城乡居民收入比来看，湖南省城乡居民收入比3.1：1要低于全国平均水平，但是要高于中部六省平均水平3：1。在中部六省中，高于江西、湖北和河南，与安徽一致，仅低于山西。目前，世界多数国家和地区城乡居民收入比为1.5~2：1。

上述分析表明，湖南省城乡居民收入差距较大。需要在统筹城乡发展中，着力缩小城乡居民收入差距，短期内向发达省份靠拢，在长期内逐步将城乡收入差距比缩小到1.5~2：1之间，在2011~2012年两年内使城乡收入差距比缩小到2.9：1之内，让城乡居民共享改革发展成果。以2009年基本数据为基准，在城镇居民收入不变的情况下，城乡居民收入比降低0.1，居民收入占GDP比重将提高0.33个百分点，当城乡居民收入比降低到1.8：1时，居民收入占比将提高到54%左右，达到居民收入与经济增长协调的目标区间。

三是调整几条短期内可见效的控制线。由于政府难以对经营性收入和财产性收入进行直接、普遍、量化调控。因此，我们选取最低工资水平、社会保障水平、公务员与事业单位从业人员津补贴水平、城乡公共服务均等化水平等作为政府主要控制线，将工资性收入和转移性收入作为研究调整的重点。

第一，调整最低工资标准。目前全国最低工资标准最高为上海 1 120 元/月，最低为宁夏 710 元/月；中部六省中最高为湖北 900 元/月，最低为安徽和江西 720 元/月（见表 7 - 11）。结合经济增长率和居民消费价格总水平上涨预期，建议湖南省在 2010 年最低工资标准已经提高到 850 元/月的基础上，2011 年进一步提高到 1 000 元/月左右，2012 年调整到 1 180 元/月左右。

表 7 - 11   2010 年中部六省最低工资标准比较（最高档）单位：元/月

年份	湖南	湖北	安徽	江西	河南	山西
2010	850	900	720	720	800	850

资料来源：《中国统计年鉴》（2010）。

由于湖南省经济转型期劳动力市场的现状决定了劳动力供给过剩，劳资力量悬殊，底层低技能劳动者所获得的报酬不足以维持其自身和所赡养家属基本生存的需要，因此有必要采取最低工资立法的形式，以保障低收入劳动者的基本权益。

从湖南省与世界各国最低工资标准比较来看，目前实施最低工资制度的国家，其最低工资标准大多为平均工资的 35% ~ 55%，只有少部分国家最低工资与平均的工资的比值在 35% 以下，而湖南最低工资与平均工资的比值约为 28% 左右。

从湖南省与其他省市最低工资标准比较来看，本章选取 1994 ~ 2009 年各省市最低工资标准与职工月平均工资的数据，对这一期间最低工资与平均工资的增长率和两者的比值数据进行了分析。从图 7 - 11 中可知，1994 ~ 2009 年我国各省市最低工资的年均增长率均低于平均工资的年均增长率。1994 ~ 2009 年间，湖南省最低工资相对平均工资增速落后于其他省市，仅仅略好于福建和河南。

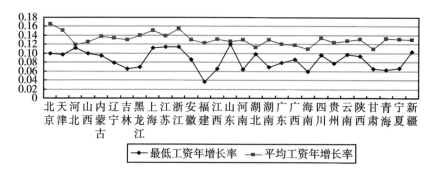

图 7－11　1994～2009 年我国各省、市、自治区

最低工资与平均工资年均增长率

注：各地区最低工资标准数值以当地最低工资标准的最高值计算。

资料来源：根据历年《中国统计年鉴》资料整理。

　　湖南省 2008 年最低工资水平（最高档）为 635 元，平均工资为 1 924 元。最低工资涨幅较大，但最低工资与平均工资的比值大大低于国际水平。因此，建议进一步提高最低工资占平均工资比率，与国际水平接轨达到 35% ～55% 左右。参照外省普遍做法，结合湖南省实际，湖南省 2010 年最低工资标准已经提高到 850 元，2011 年进一步提高到 1 000 元左右，2012 年调整到 1 180 元左右。参照湖南省人力资源和社会保障厅通过调研和研究得出的结论，企业工资总额要与企业经济效益挂钩。具体而言，湖南省工资增长率确定一般应以实现利税、实现利润为主要挂钩指标，原则上，盈利企业工资增长速度与企业利润增长速度浮动比例应大于 1。可根据企业所在行业和自身特点，选择其他挂钩指标或复合挂钩指标。对于亏损企业可实行工资总额与减亏额指标挂钩。其中，挂钩浮动比例原则上控制在 1：0.75 以内。对于垄断行业及工资增长过快、工资水平过高、工资总额与经济效益指标倒挂的企业其挂钩浮动比例原则上要控制在 1：0.6 以下。

　　第二，调整公务员和事业单位人员收入水平。目前，湖南省各级公务员津贴补贴实际执行人均水平处于中部六省中上位置，但部分职级比周边省相比存在一定差距。2011～2012年，要通过工资津贴补贴提标、规范秩序、缩小差距等积极举措，确保湖南省公务员津贴补贴和事业单位绩效工资水平位于中部靠前水平。

作为中等收入群体重要组成部分的公务员和行政事业单位从业人员，其收入状况不容忽视。由于问题的敏感性和部门的特殊性，公务员群体的收入和福利是一个难度极大的研究课题。正因为如此，难以得到精确、量化的数据支持。2004～2005年间，一项得到人力资源和社会保障部支持的课题，对11个省、直辖市的2.6万名公务员进行了调查，取得了大量第一手资料。这可能是迄今为止在这个问题上最系统和可靠的研究。因此，本书对于湖南省公务员及行政事业单位人员津补贴水平的研究将基于这一研究并遵循以下原则进行：一方面，本书关注的重点是居民收入增长与国民经济增长如何实现协调以及各相关指标的影响程度，因此，本书只讨论公务员及行政事业单位人员总体收入增长对居民收入占GDP比重的影响；另一方面，这些相关的研究成果调查的范围比较广泛，基本能够代表全国的平均水平，对湖南省的具体情况也具有指导性。

下面，我们依据这次调查的结果，来探究我国公务员群体的福利状况。鉴于各地、各部门福利支出行为的不规范，研究者从加强管理的特定视角，对政府部门内部福利项目进行归类，划分了三类福利形式。从2.6万份工资调查样本来看，总体情况如下：

基本工资（四项）的各地资料都很统一，月支付水平在900～2 000元之间，且比较规范。

奖金：各地资料欠统一，部分地区工资单同时列入多项奖金，有的一项没有；奖金项目名称不一致，月支付金额在100～1 200元之间；欠规范。

津贴：各地资料不统一，津贴名称和津贴项目不统一，包括地区津贴、边远津贴、特区津贴、职务津贴、工作津贴、特岗津贴等；北京、山东、深圳等地的工资单中可以看到 1～2 项津贴，部分地区工资单只有一项或者没有津贴项目；月支付水平普遍在 2 500 元以下。

补贴和补助：这两个项目被混淆，各地资料非常不统一，补助项目繁多，名称和数量均不统一，内容从没有原因的福利补助到有明确目的的取暖补助、住房补助、交通补助、通讯补助、菜金补助、回民补助、支边补助、节日补贴、卫生费、独子费甚至包括雨具、服装等。月支付水平普遍在 1 000 元以下。

取各项数据的中位数作为公务员和行政事业单位从业人员平均所获得的收入，则平均年收入为 48 000 元。另外，根据已有研究表明，13 亿人口中公务员和行政事业单位人员约占 4 000 万人，以此比例估算湖南省公务员和行政事业单位人员约为 276 万人。基于以上数据，仍然以湖南省 2009 年基本数据为基础，公务员和行政事业单位人员人均收入每增加 1 个百分点，居民收入占 GDP 比重将提高 0.1 个百分点。因此，提高公务员和行政事业单位人员年平均收入能够有效地提高居民收入占 GDP 比重，实现两者的协调增长，使其增速与经济增长保持一致。在规范公务员津贴补贴上，一要全面落实湖南省委、省政府关于规范公务员津贴补贴的有关精神，采取有效措施，进一步"规范秩序、缩小差距"。二要根据各地人均 GDP、人均可用财力、城镇职工平均工资、最低生活保障线等相关经济指标，将各县市区打分归类分档，各档次分别确定津贴补贴批复参考标准，逐步缩小各市州、县市区之间的津贴补贴水平差距。三要逐步实现"同城同待遇"。湖南省直机关要逐步与长沙市执行同一标准；省属垂直管理单位要与所在市州、县市区逐步实现"同城同待遇。"四要加大支持力度。湖南省财政要加大对财力困难县市区实施津贴补贴资金缺口的补助力度，困难县市区要将省财政的一般性转移支付资金优先用于行政事业单位人员工资、津贴补贴和绩效工资的发放。五要全省各级各地方要一心一意谋发展，切实增强本地区经济实力，做大财政"蛋糕"，从根本上提高公务员待遇。要坚持勤俭办一切事情，优化财政支出，加大对一线和基层公务员的保障力度。要严格执行规范津贴补贴工作的纪律，严格实行"统一项目、统一标准、统一资金来源、统一发放方式"，确保政策执行不走样。

在推进事业单位实施绩效工资上。一是继续做好义务教育学校教师绩效工资兑现督查工作。在巩固义务教育学校教师绩效工资实施成效的基础上，确保各市州、县市区义务教育学校绩效工资随当地公务员津贴补贴水平同时、同幅度地提高。二是着力确保全省各级公共卫生与基层医疗卫生事业单位绩效工资实施工作。三是根据"分类指导、分步实施、因地制宜、稳慎推进"的原则，与事业单位分类改革相衔接，对不同类别的事业单位，探索实行不同的绩效考核机制，实施不同的绩效工资管理办法。

第三，调整社会保障水平。一是调整企业养老保险待遇。2010年全国养老金平均水平为1 362元/人·月，湖南省由于农垦企业、城镇居民补缴补建、未参保集体企业退休人员一次性缴费等因素存在（合计占10%左右），整体拉低了养老金水平（1 153元/人·月）。2011年可按月人均增加140元，确保全省企业离退休人员基本养老金水平达到1 300元左右。2012年，"填平补齐"，争取再按月人均增加70元，使企业养老保险待遇达到全国平均水平。二是加快推进新型农村养老保险。湖南省"新农保"在2009年已经启动44个县（市）试点，2011年可扩面增加到60%，2012年可再次扩面，按国务院要求，在本届政府任期内实现全覆盖。要实现全覆盖，预计各级财政每年需投入68.5亿元。对此，湖南省应积极争取扩大新农保试点范围，同时，鼓励有条件的地方在统一政策框架内自行试点，加快湖南省"新农保"试点的推广进度，争取尽快实现全覆盖。三是提高医疗保障水平。2010年湖南省新型农村合作医疗和城镇居民医保财政补助标准为人均不低于120元，2011年要尽力将这两项补助标准提高到200元，并随着基本医疗保障制度完善逐步提高医保基金支付水平。四是启动城镇居民养老保险。根据《湖南省人民政府关于开展城镇居民社会养老保险试点的实施意见》，湖南省将从2011年7月起启动城镇居民社会养老保险试点。湖南省年满16周岁（不含在校学生）、不符合职工基本养老保险参保条件的非从业居民，可在户籍地自愿参加城镇居民养老保险。城镇居民养老保险基金主要由个人缴费和政府补贴构成。且对符合待遇领取条件的参保人全额支付基础养老金。省、市（州）、县（市、区）政府对参保人缴费给予补贴，补贴标准每人每年不低于30元。对完全丧失劳动能力、没有收入来源的城镇缴费困难群体及城镇重度残疾人，地方政府将代其缴纳全部每年100元的养老保险费。养老金待遇由基础养老金与个人账户养老金两部分组成，支付终身。城镇居民养老保险实施范围与新农保试点范围基本一致，2011年覆盖面为60%，2012年基本实现全覆盖。

从总体水平来看，湖南省社会保障水平仍处于较低层次，社会保障制度覆盖面小、结构失衡，调节"装置"存在"失灵"，调节力度弱。虽然社会保障支出占GDP的比重每年都在提高，但是总体水平仍然很低，每年3%~4%左右的水平，与同期全国水平相当，与福利国家平均水平（17%左右）差距较大（见表7-12）。

表 7 - 12　　2002 ~ 2009 年湖南省社保支出总额占 **GDP** 的比重　单位：亿元

年份	企业养老保险金收入	企业养老保险金支出	社保支出	当期 GDP	社保支出占GDP 比例（%）
2002	86.4	72.9	108.9	4 151.54	2.60
2003	109.2	96	120.5	4 659.99	2.50
2004	116.9	96.1	157.2	5 641.94	2.70
2005	127.7	109.4	185.2	6 511.34	2.80
2006	163.9	136	230	7 568.89	3
2007	212.4	164.4	280.2	9 145	3.10
2008	271.7	197.9	397.9	11 156	3.50
2009	315.8	240.4	519.9	12 930	4

资料来源：《中国统计年鉴》、《中国劳动统计年鉴》、《湖南省统计年鉴》。

从发展趋势来看，湖南省社会保障支出总额在 2002 ~ 2009 年间呈现逐年增长态势，2009 年的社保支出总额比 2002 年增长 411 亿元，增幅将近 4 倍。

从人均享有情况来看，湖南省人均享有的社会保障待遇与全国平均水平存在一定差距（见表 7 - 13）。

表 7 - 13　　　2002 ~ 2008 年我国及湖南省人均社保支出额　　单位：元

年份	全国人口数（万人）	全国人均社保支出额	湖南省人口数（万人）	湖南人均社保支出额
2002	128 453	424.35	6 628.5	164
2003	129 227	494.83	6 662.8	180
2004	129 988	577.84	6 697.7	234
2005	130 756	683.2	6 732.1	275
2006	131 488	828.71	6 768.1	339
2007	132 129	—	6 805	412
2008	132 802	—	6 845	585

资料来源：《中国统计年鉴》、《中国劳动统计年鉴》、《湖南省统计年鉴》。

　　因此，提高社会保障水平，是湖南省需要常抓不放的工作。湖南省社保支出占 GDP 的比重虽然与全国平均水平基本一致，但是由于湖南省是人口大省，人均社保支出额要低于全国平均水平。因此要提高湖南省人均社保支出额，短期内使人均社保支出额达到全国平均水平，需要提高社保支出占 GDP 的比重，达到 10% 左右；从长远来看，争取达到福利国家 17% 的目标。

　　社会保障支出中，最重要的是养老保险支出。根据人口普查资料，湖南省 60 岁以上的老年人口已从 1953 年的 9.62% 上升到 2000 年的 12.95%，按照联合国 "60 岁以上的人口超过 10% 就进入了老龄化社会" 的标准，湖南省在 1990 年就进入了老龄化社会，意味着退休职工迅速增加，养老金支出规模将急速膨胀。而湖南省养老保险长期实行现收现付制，积累资金不足，将面临养老负担加重、筹资难度加大和医疗费用增多等诸多挑战。因此提高养老保险水平已经非常迫切，需要尽早实施。

表 7 - 14　　　　　　2002 ~ 2009 年养老保险基金收支情况　　　　单位：亿元

年份	企业养老保险金收入	养老保险收入增速（%）	企业养老保险金支出	养老保险支出增速（%）
2002	86.4	—	72.9	—
2003	109.2	26	96	32
2004	116.9	7	96.1	0.1
2005	127.7	9	109.4	14
2006	163.9	28	136	24
2007	212.4	30	164.4	21
2008	271.7	28	197.9	20
2009	315.8	16	240.4	21

资料来源：《中国统计年鉴》、《中国劳动统计年鉴》、《湖南省统计年鉴》。

　　2009 年，湖南省养老保险支出占 GDP 的比例只有 2%。按照湖南省目前养老保险的收支情况，未来的养老金支付缺口较大，因此未来几年养老保险支出增速必须高于 GDP 增速。以国际经验来看，养老保险占社会保险总支出的比例一般在 50% 左右比较合适，因此未来湖南省养老保险占 GDP 的比重要达到 6% ~10%。

第四，调整城乡最低生活保障水平。2010 年，湖南省城市最低生活保障补差水平为 155 元/人·月，农村为 55 元/人·月。2011 年，可按城市低保月人均补差不低于 168 元、农村低保月人均补差不低于 65 元提高保障水平，2012 年，着手建立社会救助和保障标准与物价上涨挂钩的联动机制，确保湖南省城乡低保对象生活水平不因物价上涨而降低。进一步建立与经济增长和物价水平相适应的救助标准调整机制，指导各地根据物价水平、居民消费水平、最低工资标准和财力状况等因素，科学合理制定本地区保障标准和补助水平。

目前，国际上确定最低生活保障线的常用方法有国际贫困标准法、市场菜篮法等。

首先，从国际贫困标准来看，经济合作与发展组织提出：以一个国家或地区社会中位收入或平均收入的 50% ~60% 作为该国家或地区的贫困线，即最低生活保障线。但根据国际经验，许多国家和地区的贫困线占到本国或本地区社会中位收入或平均收入的 30% ~40%，如美国、日本、加拿大、中国台湾等。

由表 7-15 可以看出，湖南省各主要城市的最低保障线远低于城镇居民平均月收入 30% ~40% 的标准。

表 7-15　　　　湖南省主要城市最低保障线

城市	城市最低保障	城镇平均月收入（2008 年）	最低保障线与平均收入差距（%）
长沙	270 元/月	1 694 元/月	16
株洲	300 元/月	1 500 元/月	20
湘潭	220 元/月	1 226 元/月	18

续表

城市	城市最低保障	城镇平均月收入 （2008 年）	最低保障线与平均收入差距（%）
常德	150～180 元/月	1 069 元/月	15
张家界	120 元/月	880 元/月	14
国际标准	—	—	30～40

资料来源：《湖南省统计年鉴》。

其次，考虑到地区物价差异，采取市场菜篮法来确定最低生活保障线。借鉴北京市和长春市确立最低生活保障线的经验，确定维持社会认定的最起码的生活水准的必需品的种类和数量，根据市场价格来计算拥有这些生活必需品所需要的现金金额，即最低生活保障线。

以长沙市为例，分别从温饱水平（包括食品、居住、衣着、交通和日杂开支）及发展水平（包括食品、居住、日杂开支、衣着、交通、医疗和教育）来考察最低保障水平（见表 7 - 16）。

表 7 - 16　　　　　　　"市场菜篮法"生活必需品的清单
（以长沙物价水平计算）

生活必需品	物品细分	数量	单价	金额（元）
食品	大米	每月 15 公斤	3.4 元/公斤	51
	蔬菜与豆制品	每月 15 公斤	4 元/公斤	60
	食用油	每月 1 公斤		10
	盐	每月 0.3 公斤		
	酱油	每月 0.5 公斤		
	醋	每月 0.5 公斤		
	味精	每月 1 小包		
	糖	每月 0.2 公斤		
	肉或鱼	每月 1.5 公斤	16 元/公斤	24
	鸡蛋	每月 0.5 公斤	8 元/公斤	4

续表

生活必需品	物品细分	数量	单价	金额（元）
居住	房租	每月每人 4 平方米		50
	水费	每月 1.5 吨		3
	电费	每月 10 度		5
	燃料（煤气）	每月 1/2 罐		50
日杂开支	洗衣皂	每月 1 块		12
	香皂	每月 1 块		
	卫生纸	每月 3 包		
	理发	每月 1 次		
	牙刷	每月 1/6 个		
	毛巾	每月 1/6 条		
	牙膏	每月 1 支		
	冬衣	每年 1/4 套		2
	夏衣	每年 1 套		3
	春秋装	每年 1/3 套		2
交通费	每月 8 次(每周 2 次)			16
温饱线合计				292
	教育开支			5
	医药费	每月看病 1 次		50
发展线合计				347

注：根据当年物价水平估算。

以长沙的物价水平来计算温饱水平，长沙最低生活支出为 292 元/月。发展线的生活支出在 347 元/月。目前长沙的最低保障线水平不仅难以达到发展线支出需要，也未达到基本的温饱水平。省内其他城市的现状也基本类似。

因此，以 2009 年基本数据为例，结合国际贫困标准法和市场菜篮法，湖南省城镇居民最低生活保障至少应在 250～450 元

之间，农村居民最低生活保障应在 80 ~ 150 元之间为宜。但根据
湖南省实际情况，应结合各地区居民的最基本生活需求、地区经
济发展水平、物价水平、消费水平和财政承受能力等，综合确定
最低生活保障线。从总体上来看，要达到国际平均水平，即本地
区社会平均收入的 30% ~ 40%，但是考虑到我国当前的国情，一
方面，在保证低收入人群基本生活的同时，还需要考虑到经济发
展的需要，过高的城乡低保水平会降低社会整体的激励水平，导
致更多的人不愿意通过劳动致富，而过度地依赖低保；另一方
面，需要考虑湖南省财政承受能力的局限，因此在实际的执行当
中仍然以本地区社会平均收入增速递增，农村低保水平提高幅度
适当加大。具体到 2011 年，湖南省城镇居民最低生活保障水平
提高到 300 ~ 550 元之间，农村居民最低生活保障提高到 100 ~
200 元之间，2012 年，湖南省城镇居民最低生活保障水平提高到
345 ~ 630 元之间，农村居民最低生活保障提高到 120 ~ 240 元之
间，各市州具体水平按照本节提到的市场菜篮法，结合当地物价
水平灵活确定。

另外，可以考虑用发展贫困线来替代现有的温饱线。发展线
不仅包括了维持基本生存水平所需要的收入，也包括了社会平均
水平的教育、医疗保障所需要的支付能力。

第五，调整城乡服务均等化水平。湖南省是农业人口大省，
农村居民数量为 4 587.63 万人，占到湖南省居民总量的 67%，
因此提高农村居民收入增速是实现居民收入与 GDP 协调增长的
关键一环。

目前，湖南省城乡居民收入差距拉大，不仅是名义收入差距
拉大，更多地与农村基本公共服务短缺直接相关。城乡二元结构
相对固化，城乡基本公共服务长期处于非均衡供给状态，城乡经
济社会发展"一体化"进程缓慢，是湖南省城乡居民收入差距产

生、积累和代际传递的重要根源。

实现居民收入和 GDP 协调增长，缩小城乡居民收入差距，不仅要缩小城乡居民名义收入的差距，更重要的是缩小城乡居民在基本公共服务方面的过大差距。有研究表明，农村主要劳动力平均受教育年限每增加 1 年，贫困发生风险就可以降低 12.9%；非农业收入比重每增加 1 个百分点，贫困发生率就可以降低 3.2%。应加快推进城乡基本公共服务均等化，为城乡困难群体提供义务教育、公共医疗等，保障其发展权益和发展机会。城乡公共服务均等化主要表现在以下指标：

城乡财政投入水平。城乡公共服务均等化要求城乡财政投入达到一个均衡的比例。根据湖南省现状和《农业法》要求，财政对"三农"的投入力度要逐年加大，其增长幅度要高于财政经常性收入的增长幅度和对城市投入的增长幅度，以改善目前"重城轻乡"、"重工轻农"的国民收入分配非均衡格局。

城乡教育资源分布。城乡公共服务均等化要求城乡教育资源分布均衡：城乡适龄儿童都能得到义务教育阶段的免费教育，在普及九年义务教育的基础上，基本普及高中教育和职业教育，城乡居民的平均受教育年限趋同。具体指标有城乡人均教育经费财政支出比、城乡普通小学的在校学生与专任教师人数之比、城乡普通小学的在校学生与校舍面积之比、城乡劳动力平均受教育（培训）年限比等。

城乡医疗卫生水平。城乡公共服务均等化要求城乡医疗卫生水平基本一致：面向城乡居民的医疗补贴和救助机制初步形成，新型合作医疗覆盖所有农民，除危重病例外，农民的疾病救治可以在县乡村医疗卫生机构得到解决。具体指标有城乡人均卫生经费财政支出比、城乡每万人拥有医疗床位比等。

城乡基础设施建设。城乡公共服务均等化要求城乡基础设施建设一体化：农村供水、供电、供气和基础设施形成网络体系，农村交通状况得到改善，城乡排污设施齐全，垃圾、污水、废弃物集中处理。具体指标有城乡人均基础设施经费财政支出比、城乡居民人均基础设施拥有比等。

提高农村居民收入，实现城乡公共服务均等化，要求以上反映城乡公共服务水平的指标差异不应太大。

7.2.3　第二步：中期"创建机制，收入倍增"

中期主要是要实现湖南省居民"收入倍增"，并建立居民收入结构的动态调控机制和主要控制线的浮动机制。

7.2.3.1　主要目标

主要以居民收入长足增长为目标，通过 3 年（2013～2015年）"创建机制"的努力，构建居民收入结构的动态调控机制和主要控制线的浮动调节机制，在"十二五"期末实现居民"收入倍增"，居民收入占比达到54%左右。

7.2.3.2　具体举措

一是"收入倍增"。要实现在"十二五"期间居民"收入倍增"，2013～2015 年，居民收入年均增速需达到15%左右（扣除物价上涨因素约为11%左右），居民收入占 GDP 的比重从2012年的50%提升到54%左右，基本达到协调标准；制定合理的工资增长机制，工资性收入增速达到15%左右；大力提升经营性收入和财产性收入在居民收入结构中所占的比重，确保经营性收入和财产性收入增速达到15%左右；加大转移支付力度，提高社会保障水平，确保转移性收入增速达到15%。

　　二是建立居民收入结构的动态调控机制。结合当年经济增长率、通货膨胀水平、居民收入增长率，建立劳动报酬占比、中等收入群体占比、居民消费占比和城乡居民收入差距比的动态调控机制。建立劳动报酬占比提高的动态实现机制，在"十二五"时期内使劳动报酬占比提高到50%左右；建立提高中等收入群体占比的动态实现机制，在"十二五"时期内使中等收入群体占比达到36%～41%；建立提高居民消费占GDP比重的动态机制，在"十二五"时期内达到40%～60%的国际水平；建立城乡居民收入协调增长的动态机制，在"十二五"时期内将城乡收入差距比控制在2.7∶1以内。

　　三是建立主要控制线的浮动机制。建立工资增速的浮动机制，对于盈利企业，工资增长速度与企业利润增长速度浮动比例应大于1，对于亏损企业，可实行工资总额与减亏额指标挂钩，并且挂钩浮动比例原则上控制在1∶0.75以内，对于垄断行业及工资增长过快、工资水平过高、工资总额与经济效益指标倒挂的企业，其挂钩浮动比例原则上要控制在1∶0.6以下。

　　建立最低工资标准调整的浮动机制，将最低工资标准与平均工资挂钩，最低工资标准达到平均工资水平的40%左右。按照2009年城镇单位职工月人均工资2 167元标准，以及城镇单位职工工资增速在"十二五"期间年均增长达到15%左右的基本目标，2013年、2014年、2015年城镇单位职工月人均工资将分别达到3 690元、4 240元和4 881元左右，因此，建议将2013年、2014年、2015年的最低工资标准分别调至1 400元、1 600元和1 900元左右，具体数值应结合当年实际经济增长率、平均工资增长率和通货膨胀率进行调整。

　　调整公务员和事业单位从业人员收入增速，使之与居民收入增速保持基本一致，略高于GDP增速。同时缩小同地区不同级次政府同职级公务员之间的收入差距，以及缩小同地区事业单位从业人员收入差距，将不同地区之间公务员津贴补贴水平差距缩小到合理水平。具体来说，按照15%的居民收入增速计算，"十二五"时期后三年湖南省各级公务员津贴补贴实际执行人均水平分别提到20 190元、23 220元和26 700元左右。

建立提高社保支出标准的浮动机制，将社保支出与GDP挂钩，"十二五"时期内社保支出占GDP的比重将达到10%左右，其中，养老保险支出占比达到5%~6%。具体到"十二五"时期后三年，全省企业离退休人员基本养老金水平分别提高到1 600元、1 760元和1 930元；新型农村养老保险在2013年实现全覆盖的基础上，后两年根据情况适当提标。

提高医疗保障水平。逐步提高医保基金支付水平，探索建立城镇职工医保、城镇居民医保和"新农合"的衔接机制，加快建立城乡一体化的基本医疗保障制度。

提高城乡最低生活保障水平，增速与居民收入增速保持一致。按照2012年的预计调整水平，"十二五"时期后三年，2013年，湖南省城镇居民最低生活保障水平提高到400~700元之间，农村居民最低生活保障提高到150~320元之间；2014年，湖南省城镇居民最低生活保障水平提高到460~800元之间，农村居民最低生活保障提高到180~380元之间；2015年，湖南省城镇居民最低生活保障水平提高到530~900元之间，农村居民最低生活保障提高到220~460元之间。各市州具体水平按照本书提到的市场菜篮法，结合当地物价水平灵活确定。

7.2.4 第三步：远期"预警控制，同步协调"

经过近期和中期的基本调控，居民收入增长与分配各个主要指标和控制线已经基本达到同步协调标准。远期同步协调，主要是建立不协调的预警点，即时动态监控居民收入增长和分配的各个关键指标与控制线。

7.2.4.1　主要目标

远期以居民收入与国民经济协调增长为目标，通过 5～10 年"预警控制"的努力，建立居民收入增长、居民收入结构与基本控制线的"不协调"预警点，动态监控居民收入增长与分配的主要指标，保持居民收入占 GDP 比重维持在 53%～59% 的合理区间，实现居民收入与国民经济相互促进的良性循环。

7.2.4.2　具体举措

一是建立居民收入与国民经济"不协调"预警点。一旦"不协调"程度超出可控范围，居民收入占比降到 53% 以下，即采取措施，从居民收入四大来源提高居民收入占比。

二是建立居民收入结构"不协调"预警点。构造内生经济增长率、通货膨胀率、居民收入增长率与利率等关键影响因素的动态测算方程，动态监控劳动报酬占比、中等收入群体占比、居民消费占比、城乡居民收入差距比等结构性指标的异动，使之分别控制在 53% 左右、40%～50%、40%～60% 以及 1.5～2∶1 的区间内。

三是建立控制线"不协调"预警点。一旦最低工资水平低于当年社会平均工资水平的 40%，社保支出占 GDP 的比重低于 10%，社会养老保险支出占 GDP 的比重低于 6%，公务员和事业单位从业人员收入增速低于居民收入增速，城镇居民最低生活保障水平低于本地区社会平均收入的 30%，就结合当年经济增长水平，采取措施在下一年度对以上控制线进行动态调整。

7.3 湖南省居民收入与国民经济协调增长的对策和建议

为应对新形势和新局面，湖南省委、省政府提出要让湖南的老百姓钱包跟着 GDP 鼓起来，国民收入分配理念在不断更新并走向人本。因此，湖南省必须在既定的制度框架下，结合国情省情，将新理念转化为新思路、新机制、新举措，创造性地建立居民收入与国民经济协调增长的关联机制，实现更高含金量、更高认同度的发展，为我国国民收入分配理论和实践留下浓墨重彩的一笔。

7.3.1 基本思路

构建湖南省居民收入与国民经济协调增长的关联机制，在三套标准指导下，以实现居民收入与 GDP 协调增长为总体目标，以"四提一降"（即提高居民收入增长率，提高劳动报酬占 GDP 的比重，提高中等收入群体占居民群体的比重，提高居民消费占 GDP 的比重，降低城乡居民收入比）为中心环节，在妥善处理"增长"与"共享"、市场与政府、宏观与微观、"远"与"近"四大关系的基础上，实施居民收入倍增计划，建立收入稳定增长机制，并提出以下三点措施：从"转方式、调结构"的高度出发，改善生产到分配领域的矛盾和问题；对症下药，"建、保、治、调"并重，完善生产要素按贡献参与分配机制；以提高特殊群体收入水平为关键，加大民生投入，从而实现经济健康增长、社会均衡发展、人民和谐共享的良性循环和互动。

7.3.2 处理四大关系

实现居民收入与国民经济协调增长是一个宏大的课题，跨越城市和农村、市场和政府、效率和公平等多个领域，贯通从生产、流通到分配的整个链条，涉及多个阶层、多种关联的利益群体，牵一发而动全身，改革需要支付的成本高、难度大。因此必须首先理清四组关系。

7.3.2.1 "增长"与"共享"的关系

当前，我国经济发展正面临深度转型，长期支撑经济高速增长的资源优势、要素积累、人口红利、外向势能趋向衰减，最终影响到均衡合理的收入分配格局成型，收入分配问题对转变发展方式的倒逼机制已经形成。发展是硬道理，共享发展成果更意味着含金量。促进经济发展和共享发展成果是根与叶的关系，是源与流的关系，"根深"才能"叶茂"，"源远"才能"流长"。提高城乡居民收入，让城乡居民收入增速赶上 GDP 增速，既要转换发展方式，又要创新共享机制，将"调结构、转方式、提效益"和"促改革，谋公平，强民生"所释放的经济社会潜能转化为人民收入增长的强劲动力。一是标本兼治，从根本上转变生产到分配领域的发展方式；二是牵牛鼻子，建立居民收入与经济增长同步关联机制；三是对症下药，"建、保、治、调"并重，完善生产要素按贡献参与分配机制；四是多管齐下，撬动民生杠杆，形成"橄榄型"收入结构。

7.3.2.2 市场与政府的关系

经过30多年的改革，我国市场体制框架已基本确立，但市场机制尚不完善，导致初次分配中市场作用不到位，而行政力量作为非市场因素在初次分配领域仍然发挥作用，严重干扰了市场机制的功效。与此同时，现阶段我国由政府主导的再分配机制不健全，税收和社会保障制度不完善，直接导致政府收入再分配作用的弱化。主要表现在：税收制度的不健全限制政府进行收入再分配；社会保障制度还不完善。这些都加速了收入分配差距扩大。

在 GDP 与居民收入增长格局中，市场的"无形之手"和政府的"有形之手"都存在短板，初次分配过程中市场失灵是决定性因素，再分配制度缺陷表现出局部弱化甚至反向作用的态势。因此，要满足 GDP 与居民收入相协调的理性诉求，从完善市场机制与强化政府在第二次分配中的作用入手，使得市场和政府两个手段相互配合。初次分配阶段，着力调整生产要素贡献率的衡量尺度，尽量提高人力资本的要素收益率，校正过度向强势群体和集团倾斜的市场化分配机制，确保分配程序"正义"。再分配阶段，健全与市场化分配相配套的体系，保障广大人民最基本的生存底线，提高广大人民的生活质量和发展能力，实现分配结果"公平"。

7.3.2.3 宏观与微观的关系

居民收入能否和 GDP 协调增长，不仅牵涉宏观层面的上层建筑和制度框架，也事关微观个体的尊严、体面和幸福，绝非一个区域、一级政府、一个部门能解决的问题，必须将合理稳妥的顶层设计和可操作性的制度"微调"有机结合。利用好宏观设计和微观调整的"两只手"，才能构建科学、和谐的居民收入与国民经济协调增长机制。从另一方面来说，构建这一机制，既要考量整体和全局的利益，更要衡量多个层面的具体情况、多个群体的局部利益。建议中央以保障广大劳动者的基本权益为重点，对财税制度、社保制度、要素市场运作、国有企业利润分配、公共服务体系等做出调整，从宏观层面消除制度缺陷，完善财富的转移与分配机制。地方政府在分配主体的动态博弈过程中，根据实际情况进行"微调"和矫正。

7.3.2.4　"远"与"近"的关系

我国经济增长过程中收入分配领域产生的种种问题，既具有世界经济增长过程中收入分配问题的共性，也有我国特殊国情引致的个性。国民收入分配向居民倾斜，不仅是一个短期的政策调整问题，更是一个中长期的常态机制建设问题。既要掌握好长期性和系统性，采取"统筹考虑、分步实施、重点突破、逐步到位"的理性路线渐进展开；又要认识到紧迫性和急切性，将总体设计与阶段性安排相结合，将国内水平和国际标准相结合，将实际情况与理想模型相结合，在近期内拿出"真金白银"的财政支持。

7.3.3　制定三大举措

实现居民收入与国民经济协调增长，必须全方位、分阶段、多层次、有重点地制定切实提高居民收入、调整收入结构的基本措施。

7.3.3.1　全方位转变发展方式

其一，转变发展理念与考核导向。更新发展理念，破除经济增长总量崇拜桎梏，建立一套以转变经济发展方式为导向的考核指标体系。湖南省可考虑在全国首开先河，重点将人均 GDP 增速、居民收入增速与 GDP 增速相对比率、基尼系数、消费者信心指数、就业率、社会安全满意指数、生态幸福指数等，作为衡量经济发展质量和转型效果的"硬指标"，加速湖南形成更清洁、更持久、更高效、更人性的经济发展方式。具体转变如下：一是从侧重 GDP 考核向注重经济发展、社会、生态环境等综合考核转变，着力健全考核指标体系，综合考虑经济发展、社会和谐、环境保护等问题，将促进城乡就业增长、节约资源能源和环境保护等列入考核内容，进一步注重发展的全面性和协调性。二是从侧重 GDP 考核向注重坚持以人为本、强化民生指标考核转变。一方面，淡化 GDP 考核，设置相对指标，不设总量指标，将"财政总收入占 GDP 比重"等体现发展质量的指标列入考核范围，提高对经济发展质量和效益的关注度；另一方面，强化民生指标考核，设置涵盖民生重点领域和城乡居民生活质量的指标类别，如生活质量、信心预期、幸福指数等。三是从侧重即期效应和短期效应的考核向注重长期效应的考核转变。更加注重发展的长远性、可持续性，在突出当期发展重点、明确工作导向的同时，鼓励创新发展模式、注重长期效应。四是从侧重"一刀切、齐步走"的考核向注重分类指导、循序渐进的考核转变。注重体现差别性，把握时序性，鼓励创造性，在具体指标值上不搞"一刀切"，在达标进度上不搞"齐步走"，采取分类考核，分时段考核。五是从侧重以内部评价为主的考核向注重内外评价相结合的考核转变。要重视职能部门考核，更要注重社会评议，建立群众意见收集渠道、科学高效的反馈机制和评估体系，进一步提高群众的参与度。

其二，转变高投入、弱出口、低消费的驱动模式。首先，提高对外开放的质量和效率。将改善外部需求、促进外贸增长与发挥湖南省比较优势、实现经济内生性增长相结合，加快"腾笼换鸟"、选优汰劣。一是调整外贸发展方向。加快推行税收的产业梯度优惠政策，注重知识与人力资本积累、传播和扩散，促进产业结构优化和高端化，增强省内企业核心竞争力。二是优化进出口结构。一方面，扩大能源资源产品、战略储备产品、装备制造产品的需求，提升进口质量；另一方面，健全出口退税制度，根据效率原则，强化出口退税对适度调整外贸出口总量与结构的杠杆效应，帮助企业节本增效；加快转变出口增长方式。三是促进金融健康开放。加强跨境资本的监测和管制，积极干预短期国际游资的流入；引导货币信贷适度增长，优化信贷结构，健全信贷风险预警系统，防范通胀风险。

其次，改善投资和消费的良性循环。实施理性投资，优化供给结构，打通投资与消费的"任督二脉"，通过良性内循环创造能够抵消外需萎缩消极影响的内部需求。一是调整投资重点。通过财政贴息、结构性减税、创新能力建设等，激活"软、高、长、小、新"产业，创造有效供给，释放居民潜在的消费能量。"软"即有利于软实力提升的基础设施建设；"高"即高端产业、高新技术产业、高附加值产品；"长"即产业链长、关联度高、带动力强的行业；"小"即吸纳就业能力强的中小企业；"新"即生产性或生活性服务业等消费新增长点，如金融服务业、信息咨询业、物流业和文化创意产业。二是推进理性投资。通过优化投资理念、调整投资结构、实行投资准入等，在生产、流通和消费循环中导入"两型"观，提倡绿色投资、文明消费。三是拓宽投资空间。放松政府规制，拓宽社会资本的发展空间，增强社会投资的响应能力和发展后劲。破除各类资本进入垄断行业的壁垒，鼓励民间资本进入石油、铁路、电力、电信等重要领域，扩大城市供水供热供气、污水处理、垃圾处理等特许经营范围。四是规范投资行为。第一，建立科学决策机制，充分考虑政策对象的价值取向、范围、接受及配合程度等，减少盲目无效投资；第二，优化政府投融资运作，提高政府负债尤其是隐性负债的透明度，防范潜在的财政金融风险；第三，建立合理的项目评估和政绩考核指标体系，引导地方政府行为不断趋向合理化、长期化；第四，优化居民消费环境，增强消费对经济增长的内驱力。采取有抑有扬的调控手段，对房地产市场，要保障基本需求、引导改善需求、打击投机需求；对文化服务消费，要加大鼓励宣传，挖掘深度潜力，孵化新消费热点；对"家电下乡"、"农机下乡"、"汽车、摩托车下乡"，要规范行为、加强监管。加快信用体系建设，支持消费信贷发展，扩大消费信贷规模。规范市场经济秩序，完善城乡流通网络，营造健康、安全、放心的消费环境。

其三，以人为本加快产业结构调整优化。一是以人为本，调优产业结构，加快推进新型工业化和发展新兴服务业，在产业结构调整升级中挖掘国家财富增长和居民收入增长的源泉。包括：推进新型工业化提质增效；加快传统优势产业改造升级，发展生物医药、信息网络、通讯科技等新科技和太阳能、风能、现代生物质能等新能源，有效促进创新、合作与技术外溢，发挥专业化分工和配套产业链优势，提高湖南工业的盈利水平和居民收入水平；加快推进新兴服务业加载扩容，大力发展金融保险、信息咨询、设计研发、新型物流、现代会展、中介服务等生产性服务业，增强服务业就业载荷和居民消费率。

二是建立以支持关键环节的功能性政策为主的产业政策体系。通过财政、税收、金融等相关制度创新等多种途径，重点支持研发、设计、营销网络、品牌培育、供应链管理等制约产业结构优化升级的关键环节，以及节能减排、专门化分工等功能性目标，着力改善外部竞争环境和信息化、交通运输等外部条件；在继续推进实施并细化创新战略的基础上，推出"创新设计计划"、"标准化计划"、"品牌计划"、"营销计划"、"节能减排计划"等，着力推进价值链功能的提升。

三是创新体制机制，完善突破关键环节、提升价值链的外部环境。包括：针对价值链两端环节的交易特点，建立与生产性服务业相适宜的制度和规范；大力推进标准体系建设，制定各类服务评价标准，建立评估机构；强化对品牌和知识产权的保护，加快建立和健全诚信体系、质量监督体系；支持建立研发设计、检测检验、信息支持、教育培训、企业诊断和咨询等公共服务平台；降低跨行政区域要素、商品流动成本，着力构建湖南省一体化的价值链和供应链。

四是加强品牌建设，建立培育自主品牌支持体系。包括：发挥企业主体作用，加强自主品牌建设，鼓励企业依靠科技进步和加强质量管理，争创名牌，走名牌兴企的道路；加快推进标准化，完善名牌产品评价机制，充分发挥行业协会和社会中介组织在实施名牌战略中的作用，提高专业化服务水平；努力营造有利于自主品牌成长发展的环境，加大打击假冒伪劣产品和保护自主知识产权的力度，营造公平竞争的市场环境，加强舆论宣传，增强全社会品牌意识，努力营造有利于品牌成长的环境。

五是实施分类指导，完善市场结构。对参与全球竞争的行业，根据不同行业差异，有针对性地推进企业之间的兼并重组，提高国际竞争力；对于钢铁、石化、汽车、船舶等规模经济效益显著的行业，鼓励以大型骨干企业为龙头，推进跨地区兼并重组；对于新能源、电子信息、生物医药等新兴产业，重点推进大中小企业在研发、生产、市场和人才培养上建立战略联盟，形成合力；培育和壮大一批具有总体设计、成套能力与系统服务功能的大型企业集团，促成一大批专业分工明确、特色突出、配套制造能力强的中小型企业发展壮大。支持建立由龙头企业带头、连接零部件和相关行业的产业联盟。通过充分发挥合作各方的市场优势，建立体现产业发展诉求机制、标准化机制、协调整合机制以及组织间学习机制，克服知识分享障碍，促进共同学习和共同创新，提升产业体系的组织能力和竞争力。

六是统筹规划，对战略性新兴产业进行系统性支持。包括：打破分工壁垒、改革管理体制，弱化部门利益，建立与突破关键环节和新兴产业发展提供相适应的管理体制和部门协调机制，组织协作和攻关，抢占行业制高点；加快制定战略性新兴产业的规划，实施专项工程，统筹谋划，并从生产、流通、消费各个环节加以引导，从科技研发、示范推广、产业化全过程加以推动，促进相关技术的应用和扩散；加快建立战略性新兴产业的技术标准、产品标准、准入标准，积极培育市场，从政府采购、应用环境、竞争环境等方面进行支持。

七是加快淘汰落后产能，建立过剩产能正常退出机制。包括：提高环境准入标准和技术准入标准，加速淘汰落后能力；对产能过剩行业，可以在促进重组、金融支持、债务处理、财税分配、再就业培训、补贴设备淘汰等方面加以支持。

八是更新消费理念和生产方式，发展循环经济和低碳经济。包括：大力提倡低碳消费理念和低碳消费方式，动员全社会参与发展循环经济和低碳经济；强化资源的分类利用原则，支持对可再生性资源的开发利用，强化不可持续资源的保护性开发和综合利用；把推进传统产业尤其是高能耗、高排放行业的新型化作为节能减排的重点，提高环境准入、市场准入和资源综合利用标准，加快淘汰落后工艺和装备，大力推动清洁生产、节能减排和绿色制造技术，提高资源利用和再利用效率；以产业链为纽带，从企业、园区、区域三个层次，推进发展循环经济。

其四，以就业为导向培育中小企业。引导和促进劳动密集型企业、中小企业、民营经济加快发展，充分释放就业吸纳能力，帮助居民"多就业、早就业、就好业"。一是打造中小企业梯度发展格局。包括：建立中小企业库，将具有行业领先地位、对上下游带动辐射能力强、自主创新能力较强的民营企业纳入重点范围，实行动态滚动管理和重点扶持；在信息服务、融资担保、管理咨询、科技创新、创业辅导等方面给予支持，促进成长型中小民营企业快速发展；采用政策引导、资格认定、集中授牌的方式，建立中小企业创业服务基地，为处于创业期企业的孵化提供一定数量的"廉租厂房"和公共设施。

二是设立中小企业发展基金，主要用于中小企业贷款贴息、信贷风险补偿、创新孵化补贴、上市风险补贴、股权融资补贴、信用担保和再担保补贴等，支持完善中小企业信息网络、公共服务平台、银企合作平台、集成创业基地，提高中小企业产业链协作配套和集聚发展水平，稳定和增加就业岗位。

三是拓展中小企业融资渠道，包括：建立贷款贴息补偿机制，重点支持符合产业政策方向、具有自主知识产权、市场前景广阔、低能耗高效益的产业项目；培育小额贷款公司和资金互助社等专营性金融机构，完善中小企业授信业务和金融服务制度，落实创业投资和融资租赁政策；加快多层次的信用担保体系建设，建立和完善信用担保机构的行业准入、风险分担机制和退出机制，构建中小企业信用再担保体系；搭建银行、担保机构与企业的沟通交流和互动平台，举办多层面、多种形式的融资服务洽谈会，积极推动民营企业间联保模式的创新，强化银行与联保企业间的约束和激励机制，实现金融产品和项目之间的对接和三者间的良性互动。

四是落实中小企业就业优惠政策，对积极吸纳就业困难群体的中小企业，落实好税收优惠和就业政策，鼓励和帮助企业稳定就业岗位，增加企业吸纳就业的能力。

其五，加快推进中小城市和小城镇发展。城市化水平与经济发展水平之间存在着密切关系，城市化水平越高的地方，人均GDP的水平也就越高。这说明城市化进程是改善一个地区经济发展水平和居民收入最重要的途径。因此，针对湖南各区域由于发展不平衡原因造成的区域国民收入分配失衡问题，可加快推进农村向小城镇发展、小城镇向中小城市发展、单一城市向城市群发展，加快推进"民工变员工、农民变市民"工程，在城市化进程中培育就业和消费增长点。主要包括：

一是放宽中小城市和城镇户籍限制，帮助符合条件的农业转移人口逐步在小城镇就业和落户，重视进城务工农民的公共服务需求，切实保障农民工的合法权益，建立健全适用于农民工的工伤保险制度、医疗保险制度、社会援助制度等。

二是优化城镇规划布局，建立城市总体规划与经济社会发展规划、区域规划、土地利用规划、主体功能区规划等相关规划的衔接和协调机制，集成配套市政公用设施，形成中心市区、县城、重点镇相互衔接、功能协调、服务完善的县域城镇化体系。

三是努力创建经济高效、资源节约、环境友好、布局紧凑、社会和谐的城镇发展新格局，加强对城市发展空间的管制和资源保护，促进城市发展模式从粗放型向集约型转变。积极促进产业发展和集聚，通过集群化发展增强区域综合竞争力，避免大城市"摊大饼"式的扩张和各级城镇间的无序竞争；坚持节约和集约利用土地及其他资源，加强城镇生态建设和污染综合治理，特别是解决好空气污染和水污染问题，走资源节约型、环境友好型的城镇化道路；把培育、壮大城市群和促进区域协调发展结合起来，着力促进中心城市发展，充分发挥城市尤其是大中城市对产业结构升级、消费结构升级和技术创新的集聚、辐射和示范效应。

四是支持"特、精、小、专、配"型产业发展，提高城镇经济承载力，将农民工"洗脚进城、候鸟迁徙"的模式转变为"立下足、融得进、扎下根"。

五是完善土地制度，促进用地节约。包括：切实保障农民的合法土地权益，合理提高征地补偿标准，加快建立和完善征地补偿安置争议的协调和裁决机制；盘活城市存量土地，适当提高土地利用强度，提高城市综合承载力；推进土地市场化进程，优化配置土地资源，完善现行城镇用地制度，严格推行经营性土地使用权挂牌出让制度；严格土地收益管理，土地出让收益应当用于被征地农民社会保障，用于建设城市廉租房和农村基础设施建设等；探索建立国有土地收益基金，遏制片面追求土地收益的短期行为。

六是完善公共服务体制。以公共服务为导向，实现"低水平、广覆盖、均等化"。以促进居民收入增长和就业为终极目标，依托安全饮水、污染排放及治理、垃圾处理、居住区道路建设和清洁卫生、义务教育、贫困救助、社会治安、最低生活保障等项目，重点改善城镇管辖区内与居民生产和生活条件有关的基础设施建设。

七是完善城市治理和管理模式。包括：完善行政区划，减少行政层级，促使各个城市和城镇具有同样的收入种类、税费减免权限及融资手段，享受同样的政府间转移支付，并具有同样的事权责任。八是推进城市综合管理，着力整合公共服务资源，统筹城市基础设施建设，完善城市服务功能，提高人居环境质量，强化危机管理，提高城市综合运行效益。

7.3.3.2 完善生产要素按贡献参与分配机制

其一，促进劳动力资源统一规划和合理配置。首先，支持建立城乡劳动力市场，逐步放开限制劳动者自由流动竞争的户籍、住房、就学、福利保障制度。中央可考虑：一是逐步分阶段实施统一明确的户籍制度，打破城乡二元分治，实行城乡户口登记管理一体化；二是借鉴国际先进人口登记管理制度，实行以身份证为主的"一卡通"管理模式，消除依附在户籍关系上的特定的社会经济利益，使户籍恢复其只承担单纯人口基本信息统计功能，形成我国公民在境内享有同等待遇的统一户口管理制度；三是加快小城镇户籍管理制度改革，凡在小城镇有合法固定的住所、稳定的职业和生活来源的人员及与其共同居住生活的直系亲属，均可根据本人意愿办理城镇常住户籍；四是深化户口迁移制度改革，逐步放宽小城市、中等城市和大城市的户口管制，允许从高级人才到农民的自由选择迁徙，各地可以根据实际需要制定迁徙人员优选条件；五是对人口管理实行户口登记和人口登记并存，由以户为主转向以人为主，逐步实现由以户为中心的静态管理向以人为中心的动态管理过渡。

其次，建立统一的城乡劳动者平等竞争就业制度和机制，统筹做好城镇新增劳动力就业和各类失业人员就业工作，将税费减免、贷款贴息、岗位补贴、教育培训、就业援助等政策覆盖对象扩展到各个领域、各类企业、所有人群，对就业困难人员，包括残疾人、零就业家庭、资源枯竭地区就业困难者等，实行优先扶持和重点帮助，并建立城乡统一的管理、培训、监察制度，打造城乡一体的劳动力供需网络和就业服务平台，提高农村劳务输出的组织性、有序性和稳定性，优化配置劳动力资源，实行城乡统筹就业。

其二，保障工资稳定增长和支付。一是加强企业工资信息发布与指导。进一步完善工资指导线、劳动力市场工资指导价位、企业人工成本信息发布等三项制度，分行业、分工种指导企业职工工资合理增长，适时调整特殊岗位及中、夜班津（补）贴的指导标准。

二是建立企业工资内外制衡机制。完善企业工资集体协商制、履约责任约束制、职工参与和评价制等，合理确定企业的工资分配制度、职工工资水平和调整幅度，形成职工工资增长的"保险阀"；完善国有企业经营者年薪制考核办法，调整工效挂钩基数和比例，扩大工效挂钩企业面，建立经营者收入与其职工工资水平增长相挂钩的业绩考核和分配制度；加强企业工资支付监管，建立企业工资支付信用制、用工诚信等级制、欠薪举报制，在有条件的地区试行企业欠薪保障金制。

三是规范机关事业单位工资分配秩序。继续调整工资收入结构，规范工资收入渠道，将各种形态的收入"阳光化"，减少工资外的福利和补贴；在现有公务员工资制度下，进一步简化工资结构，增强级别功能，实行动态调整，向基层和艰苦边远地区倾斜；建立事业单位绩效评估和岗位绩效工资的联动体系，突出岗位绩效，实现分级分类调控，依次实施义务教育学校、基层医疗机构与公共卫生机构绩效工资。中央可考虑从立法层面维护劳动者权益、建立和谐劳资关系，在法律上保证劳动者在分享经济增长红利方面获得更大的话语权和谈判力。

其三，规范公共资源领域的分配秩序。一是规范土地、矿产等自然资源管理及收益分配。建立资源性产品价格形成机制，完善资源要素的市场化配置机制，探索资源要素配置信息披露和社会听证制，逐步形成合理的要素收益分配机制，纠正要素报酬失衡。二是消除国有资源的垄断配置和分配失范。中央可考虑在资源占有与配置、资金投入和融通、市场准入等方面破除国有和非国有、垄断性行业和非垄断性行业的待遇差别。对非自然垄断行业，放松经营权规制，最大限度引入竞争，限制垄断规模。对必须由国家垄断经营的行业，完善国有资本预算制度，加强公共资源有偿使用费、国有资产收益征管，并实行国企垄断利润和社会保障基金缺口对接，规范垄断收益分配，合理调节少数垄断性行业的过高收入。

其四，强化税收调节杠杆。优化现行征税环境，建立社会保障和个人信用相结合的个人账户，完善储蓄存款实名制，推广不动产和金融资产实名制，加强单位现金和账户管理，加大对高收入者的监控、稽核和足额征缴力度。中央可考虑加大对个人所得税制的改革力度，将现行分类税制模式转化为综合税制模式或综合与分类相结合的模式，将定率、定额相结合的扣除法转化为因素扣除法，同时对低收入者考虑增加赡养、教育等专项费用扣除项目，提高费用扣除标准，适当提高"起征点"及降低"中段"的累进税率以扩大中等收入阶层，从而提高个人所得税控高、扩中、托低的调节效率。除了提高个税起征点，个税政策调整还须立足公平，进行更为科学的制度安排，如实行分类与综合相结合的个人所得税制改革，考虑以家庭为单位征收个税，在个税征管方式上应建立系统和人性化的制度。引进、完善和健全相关税种。在发展新税种方面应重点考虑引进遗产税与赠与税，并大力加强公益性基金会的规范化制度建设，在完善已有税种的同时应适当提高房产税、土地使用税、土地增值税、契税的征税标准。对垄断行业可尝试征收暴利税，使一部分超额利润转化为财政收入。提高资源税税率，有利于增加西部地区的财政收入，实现财富在地区之间由东部向西部的转移。完善消费税，对未纳入征税范围的高档消费品要适时纳入消费税的征收范围，突破只向货物征税不对服务和行为征税的格局；将高档酒店、饭店、高档娱乐场所等场所的消费行为纳入消费税的征收范围。完善税式支出，对我国城乡低收入者的一些纳税项目给予税收优惠，为其再就业和提高收入水平创造条件，并允许向社会慈善机构、公益事业的捐助在税前列支。

7.3.3.3　以特殊群体为重点加大民生投入

其一，按照"增资、扩面、提标"思路，加快完善社会保障体系。要进一步加强基金征管和加大财政投入力度，争取提高中央对湖南补助比例，提高企业养老保险基金支付能力；进一步扩大新农保试点范围，争取在3~5年内实现全覆盖；积极推进城镇居民养老保险试点；进一步提高城乡低保补助水平，建立与经济增长和物价水平相适应的救助标准调整机制。中央可考虑加强城乡最低生活保障制度的衔接，将符合条件的城市困难居民和农村绝对贫困人口纳入最低生活保障范围，并随着经济的发展逐步调整保障标准，扩大保障范围；建立健全湖南省包括医疗救助、教育救助、住房救助等在内的各项特殊救助制度。在今后较长一段时间内，坚持广覆盖、保基本、多层次、可持续的思路，不断提升财政社会保障资金有效供给能力，全方位、多渠道增加社会保障投入，加快建立覆盖城乡的社会保障体系。一是全面推行新型农村合作医疗制度和城镇居民基本医疗保险制度，完善农村大病医疗救助体系，逐步提高乡镇卫生院服务能力，建立健全公共医疗卫生经费财政保障机制，积极推进城镇非公有制经济组织从业人员、灵活就业人员参加城镇职工医保，将城乡基本医疗保险参保率巩固在95%以上，探索建立城镇职工医保、城镇居民医保和"新农合"的衔接机制，加快建立城乡一体化的基本医疗保障制度；二是加快提升社会救助保障能力，全面推进城乡居民最低生活保障制度，继续强化农村五保供养经费财政保障机制建设，建立完善与自然灾害生活救助制度相衔接的救助政策体系；三是加快提升社会保险基金运行能力，扩大养老金制度的覆盖面，提高养老保险基金统筹层次，增加地方结余基金调剂余地，规范养老金待遇发放，将农民拥有的农产品、土地和股权等实物转换为保险费，设计现实可行的农村养老保险制度方案，加快完善失业保险制度，推进机关、事业单位养老保险制度改革；四是设计农民工的社会保障制度，按照低费率、广覆盖、能衔接、可转移的要求，尽快制定和实施农民工养老保险关系转移接续办法，鼓励有条件的地方尽快将有稳定职业的农民工纳入到城镇职工基本养老保险，将工伤和大病保障纳入城市社会保险制度；五是强化社会保险基金征缴和监管能力建设，包括：不断完善社会保障财务管理制度，建立健全社会保险基金监管机制，研究制定再就业资金、救灾资金、残疾人专项资金、卫生事业补助资金、农村医疗救助资金和农村低保资金等社会保障资金管理办法，加强社会保险费征缴，清理规范各项社会保险待遇，增强各项社会保险基金抗风险能力。积极推进政府采购、社会保障资金财政专户集中支付、重大财政社会保障支出项目绩效考评等改革，提高财政社会保障资金的使用效益。

其二，促进城乡公共服务均等化，缩小城乡居民收入"剪刀差"。一是针对农村基础设施欠账多，推进城乡规划、基础设施、生态环境等硬件建设一体化，科学编制村庄规划，支持推进路、电、水、气、网进村入户工程，建立农村污水和垃圾处理机制，逐步提高农村基础设施覆盖率和农民基础设施拥有量，健全农村社区化管理。

二是致力增加农民经营性收入，加快建设现代农业，发展农业板块经济，延伸农业产业链条，加快生产基地、精深加工和物流服务体系建设，培育发展农业社会化服务体系，完善农田水利基础设施、农用物资供给、农业物质装备、农村金融供给体系。

三是致力增加农民的工资性收入，加大农村人力资源教育（培训）投入。加大财政对农村教育的投入，促进优质教育资源向农村倾斜，实现城乡义务教育均衡发展；统筹协调各项培训资源，加强农民转移技能培训，综合利用税费减免、提供创业小额担保贷款贴息等措施，支持建立就业创业服务平台，提高农村人力资源的储备水平和转移能力。

四是致力增加农民的财产性收入，加快农村综合改革，加强土地承包经营权流转管理和市场服务体系建设，优化配置农村要素。

五是致力增加农民的转移性收入，提高惠农补贴发放质量，放大惠农政策效果；大力发展农产品市场风险基金和农业保险公司，加大农业风险理赔力度，积极发展水稻、棉花、能繁母猪、奶牛等政策性保险。同时大力推进农村金融改革，放开县以下农村金融市场，解决农村资金大量外流、农民和小企业贷款难的瓶颈问题。包括：发展农村信用社、邮政储蓄银行、资金互助社等其他农村金融组织，为农村建设、农业结构调整和农民增收提供良好的金融服务；组建多层次贷款担保基金和担保机构、落实对中小企业融资担保、贴息等扶持政策，鼓励通过资本注入、风险补偿等多种方式增加对信用担保公司的支持，提高金融机构给农户和小企业融资的积极性；建立健全涉农金融风险补偿机制，积极探索和发展农产品期货市场，发挥农产品期货市场和农业保险在稳定粮食价格、保护农民利益方面的功能和作用；发挥农业发展银行政策性金融功能，加大向农村开发性项目和基础性项目的长期信贷投入，引导民间金融和商业金融发展，积极开展农业扶贫贷款、农业综合开发贷款、农村基本建设和技术改造贷款等业务。

六是加大财政向湘西等欠发达地区的倾斜力度，在继续执行国家有关西部地区开发和扶持民族地区发展等优惠政策的同时，加快建立多元化的政策支持体系和投融资体制，加大招商引资力度。

其三，增加民生领域的投入。继续加大对教育、医疗卫生、就业、文化、保障性住房等民生领域的投入力度，按照政事分开、事企分开、管办分离的原则推进社会事业领域改革，建立政府购买社会服务的机制，真正实现居有其所、学有所教、劳有所得、病有所医、老有所养，减少湖南居民的收入"漏出"。

一是大力促进教育公平。包括：加大优质教育资源分配调节力度，加强"硬资源"的统筹管理和合理配置，促进师资力量等"软资源"的均衡协调发展，逐步缩小城乡、区域、学校间教育发展差距；坚持公共教育资源向农村地区、贫困地区倾斜，改善农村办学条件，逐步提高农村中小学公用经费的保障水平；推行"点对点"教育援助制度，多渠道安排农民工子女就学，保障农民工子女接受义务教育，健全教育资助制度和助学体系，完善高等教育和高中阶段助学金、奖学金制度，积极推行学生贷款制度，开展特殊困难补助，鼓励社会各界捐资助学。

二是加快医疗卫生改革步伐。包括：建立和完善公共卫生投入机制，逐步提高公共卫生投入占卫生总费用的比重，新增投入重点用于支持公共卫生、农村卫生、城市社区卫生和基本医疗保障；健全公共卫生服务经费保障机制，探索整合公共卫生服务资源的有效形式；完善重大疾病防控体系和突发公共卫生事件应急机制，加强城乡急救体系建设；大力发展农村医疗卫生服务体系，建立适应农民承受能力的农村医药价格管理体系和农村医疗管理规范；完善以社区为基础的新型城市医疗卫生服务体系，建立由政府购买公共卫生和预防保健服务，医疗保险机构购买基本医疗服务以及社会购买延伸服务的新体系；完善以省为单位药品集中招标采购制度，推广医疗服务"一卡通"，加强不同医院间信息资源的共享和利用，降低医疗费用，减轻群众医疗负担。

三是大力促进就业。包括：加强职业教育和培训，鼓励和支持各类职业院校、职业技能培训机构和用人单位依法开展就业前培训、在职职业技能培训、继续教育培训和再就业培训；逐步推行劳动预备制度，对未能继续升学的初高中毕业生实行一定期限的职业培训；健全公共就业服务体系，建立促进劳动者就业的职业能力评价体系；实行就业与再就业援助制度，政府投资开发的公益性岗位，对就业困难人员实行优先扶持，提供有针对性的就业服务和公益性岗位援助；优先安排符合岗位要求的就业困难人员；对因资源枯竭或者经济结构调整等原因造成就业困难人员集中的地区，给予必要的扶持和帮助。

四是加大保障性住房建设力度。包括：按照保基本、广覆盖、多渠道、可持续的原则，建立政府主导、企业运营、居民参与的基本住房共建机制，以政府引导、社会投入为主，财政资金主要用于对低收入困难家庭购房或租房的定额补贴，增强低收入居民承租住房的能力；加快廉租房、经济适用房、公共租赁房的建设，实行保障性住房家庭实名制和分类保障制，向最低生活保障线以下的住房困难家庭提供廉租住房保障，向有一定经济能力的低收入住房困难家庭出售经济适用住房，向无经济能力购买经济适用住房的低收入住房困难家庭出租保障性租赁房，向非低收入无住房家庭出售保障性商品房；建立严格的资格审核和退出机制，建立诚信申报制、轮候配租配售制、申请回购制以及封闭式物业管理，实行阳光公示、全程监督、跟踪考核，实现保障性住房的规范管理和有效流转；实施农村危房改造工程，逐步扩大农村困难群众住房救助覆盖面，稳步推进农村危旧房改革，加大对欠发达地区农村特困户危房改造补助力度，有效解决残疾人、优抚对象、"五保户"的危房改造问题。

五是加强公共文化服务体系建设。继续实施文化惠民工程，促进公共文化资源向农村和农民倾斜，促进城乡文化事业协调发展，加快博物馆、图书馆、文化馆、美术馆等基本公共文化设施及队伍建设，加快完善基层公共文化服务设施，建设覆盖城乡的文化信息资源共享工程服务网络，丰富广大农村、偏远地区、进城务工人员的文化生活，繁荣城乡市场，鼓励大众文化消费，提升城乡文化消费水平。

参考文献

[1] 白重恩、钱震杰：《国民收入的要素分配：统计数据背后的故事》，载于《经济研究》2009 年第 3 期，第 27～40 页。

[2] 蔡昉：《探索适应经济发展的公平分配机制》，载于《人民论坛》2005 年第 10 期，第 30～31 页。

[3] 蔡昉、杨涛：《城乡收入差距的政治经济学》，载于《中国社会科学》2000 年第 4 期，第 11～22 页。

[4] 柴华奇：《中国居民收入分配与经济发展》，载于《西北大学博士学位论文》2003 年。

[5]《财经文摘》编辑部：《苏州模式调查》，http：//finance. sina. com. cn/，2006 年 4 月 4 日。

[6] 常兴华等：《促进形成合理的居民收入分配机制研究》，载于《经济研究参考》2010 年第 25 期，第 2～27 页。

[7] 常兴华、李伟：《我国国民收入分配格局的测算结果与调整对策》，载于《宏观经济研究》2009 年第 9 期，第 20～25 页。

[8] 陈少晖：《国有企业利润上缴：国外运行模式与中国的制度重构》，载于《财贸研究》2010 年第 3 期，第 80～87 页。

[9] 董碧松：《经济增长中的收入分配问题研究》，吉林大学博士学位论文，2007 年。

[10] 董全瑞：《1870～2009 年美国的功能收入分配及启示》，载于

《现代经济探讨》2011 年第 1 期，第 88~92 页。

[11] 杜志雄、肖卫东、詹琳：《包容性增长理论的脉络、要义与政策内涵》，载于《中国农村经济》2010 年第 11 期，第 4~14 页。

[12] 冯子标：《经济增长与收入分配变动趋势分析》，载于《经济学家》2004 年第 4 期，第 37~46 页。

[13] 国家计委综合司课题组：《90 年代我国宏观收入分配的实证研究》，载于《经济研究》1999 年第 11 期，第 3~12 页。

[14] 国家统计局：《2005 年农村全面建设小康社会进程加快》，http: //www. stats. gov. cn/，2006 年 9 月 13 日。

[15] 国家统计局统计科学研究所：《我国全面建设小康社会进程监测报告》，http: //www. sinoss. net/2010/1224/29774. html，2010 年 12 月 24 日。

[16] 韩建雨：《收入分配与经济增长关系问题研究综述》，载于《经济纵横》2011 年第 1 期，第 113~116 页。

[17] 何江、张馨之：《中国区域人均 GDP 增长速度的探索性空间数据分析》，载于《统计与决策》2006 年第 22 期，第 72~74 页。

[18] 何新华、曹永福：《从资金流量表看中国的高储蓄》，载于《国际经济评论》2005 年第 6 期，第 58~61 页。

[19] 洪银兴：《工业和城市反哺农业、农村的路径研究——长三角地区实践的理论思考》，载于《经济研究》2007 年第 8 期，第 13~20 页。

[20] 胡鞍钢、胡琳琳、常志霄：《中国经济增长与减少贫困（1978~2004)》，载于《清华大学学报（哲学社会科学版)》2006 年第 5 期，第 105~115 页。

[21] 胡兵、赖景生、胡宝娣：《经济增长、收入分配与贫困缓解——基于中国农村贫困变动的实证分析》，载于《数量经济技术经济研究》2007 年第 5 期，第 33~42 页。

[22] 胡永泰：《中国全要素生产率：来自农业部门劳动力再配置的首要作用》，载于《经济研究》1998 年第 3 期，第 31~39 页。

[23] 黄细兵、赵定涛：《三维结构下的区域可持续发展模式选择》，

载于《科学学与科学技术管理》2007 年第 10 期，第 120～123 页。

[24] 贾康、韩晓明、刘微：《我国居民收入占比并非过低》，载于《中国证券报》2010 年 5 月 11 日。

[25] 金碚：《中国企业竞争力报告 2007——盈利能力与竞争力》，社会科学文献出版社 2007 年版。

[26] 李稻葵、刘霖林、王红领：《GDP 中劳动份额演变的 U 型规律》，载于《经济研究》2009 年第 1 期，第 70～82 页。

[27] 李实：《中国居民收入分配再研究》，载于《经济研究》1999 年第 4 期，第 3～17 页。

[28] 李实、罗楚亮：《中国收入差距究竟有多大？——对修正样本结构偏差的尝试》，载于《经济研究》2011 年第 4 期，第 68～78 页。

[29] 李实、赵人伟：《中国居民收入分配再研究》，载于《经济研究》1999 年第 4 期，第 3～17 页。

[30] 李扬：《收入功能分配的调整：对国民收入分配向个人倾斜现象的思考》，载于《经济研究》1992 年第 7 期，第 34～44 页。

[31] 李扬、殷剑峰：《中国高储蓄率问题探究：1992－2003 年中国资金流量表的分析》，载于《经济研究》2007 年第 6 期，第 14～26 页。

[32] 李子联：《收入分配如何影响经济增长———一个基于需求视角的分析框架》，载于《财经科学》2011 年第 5 期，第 48～55 页。

[33] 梁达：《收入与经济增长不同步带来的负效应不容忽视》，载于《上海证券报》2010 年 11 月 1 日。

[34] 刘国光：《略论当前中国宏观经济政策的若干问题》，载于《经济学动态》2002 年第 5 期，第 3～8 页。

[35] 刘扬：《现阶段我国国民收入分配格局实证分析》，载于《财贸经济》2002 年第 11 期，第 64～68 页。

[36] 刘煜辉：《高储蓄、高投资症结在于分配垄断》，载于《新财经》2007 年第 5 期，第 32 页。

[37] 刘霞辉：《建国 60 年来的中国经济增长与结构变迁》，载于《山东财政学院学报》2009 年第 4 期，第 3～18 页。

［38］陆铭、陈钊：《城市化、城市倾向的经济政策与城乡收入差距》，载于《经济研究》2004 年第 6 期，第 50～58 页。

［39］陆铭、陈钊：《中国区域经济发展中的市场整合与工业集聚》，上海人民出版社 2006 年版。

［40］陆铭、陈钊、万广华：《因患寡，而患不均——中国的收入差距、投资、教育和增长的相互影响》，载于《经济研究》2005 年第 12 期，第 4～14 页。

［41］罗长远、张军：《经济发展中的劳动收入占比：基于中国产业数据的实证研究》，载于《中国社会科学》2009 年第 4 期，第 65～79 页。

［42］吕冰洋、禹奎：《我国税收负担的走势与国民收入分配格局的变动》，载于《财贸经济》2009 年第 3 期，第 72～77 页。

［43］吕炜、赵佳佳：《中国经济发展过程中的公共服务与收入分配调节》，载于《财贸经济》2007 年第 5 期，第 45～52 页。

［44］欧阳煌：《关于加快湖南发展的战略思考》，载于《湖南日报》2011 年 8 月 15 日。

［45］欧阳煌：《走好发展与共享的平衡木》，载于《中国财政》2010 年第 10 期，第 31～33 页。

［46］乔榛：《消费结构：收入分配影响经济增长的一种机制》，载于《求是学刊》2003 年第 6 期，第 65～69 页。

［47］权衡、徐王争：《收入分配差距的增长效应分析：转型期中国经验》，载于《管理世界》2002 年第 5 期，第 47～54 页。

［48］施海霞：《对我国个人所得税主要功能缺失问题的探讨》，载于《华中师范大学研究生学报》2005 年第 1 期，第 56～58 页。

［49］世界银行：《2006 年世界发展报告：公平与发展》，清华大学出版社 2006 年版。

［50］世界银行增长与发展委员会：《增长报告——可持续增长和包容性发展的战略》，中国金融出版社 2008 年版。

［51］石秀诗：《加快发展服务业》，载于《"中共中央关于制定国民经济和社会发展第十二个五年规划的建议"辅导读本》，人民出版社 2010

年版。

[52] 孙居涛、田杨群：《经济增长与收入分配关系的重新审视》，载于《经济评论》2004 年第 4 期，第 27 ~ 30 页。

[53] 田杨群：《经济增长与收入分配的良性互动及作用机制分析》，载于《生产力研究》2006 年第 5 期，第 25 ~ 27 页。

[54] 万广华、张茵：《收入增长与不平等对我国贫困的影响》，载于《经济研究》2006 年第 6 期，第 112 ~ 123 页。

[55] 王金菅：《制度变迁对人力资本和物质资本在经济增长中作用的影响》，载于《中国人口科学》2004 年第 4 期，第 11 ~ 17 页。

[56] 王小鲁、樊纲：《中国经济增长的可持续性》，经济科学出版社2000 年版。

[57] 王洋：《企业盈利，经济结构与经济增长——兼论中国结构调整的宏观调控》，http：//www. serichina. org/contest/last/2006 _ bb/323. pdf，2006 年。

[58] 王郁昭：《农民充分就业是走出城乡二元经济结构的关键》，载于《中国经济时报》2005 年 9 月 29 日。

[59] 王远鸿：《居民收入差距持续扩大不利扩大消费》，载于《上海证券报》2010 年 3 月 4 日。

[60] 王银娥：《经济增长动因探析》，载于《西北大学学报（哲学社会科学版)》2002 年第 1 期。

[61] 王智勇：《人口红利期终点是经济发展拐点》，载于《中国财经报》2007 年 7 月 12 日。

[62] 汪同三：《改革收入分配体系解决投资消费失调》，载于《中国证券报》2007 年 10 月 29 日。

[63] 魏文彪：《提高劳动报酬占比需要政府让利于民》，载于《经济参考报》2010 年 5 月 20 日。

[64] 闻潜：《合理调节初次分配是促进居民收入增长的中心环节》，载于《经济经纬》2007 年第 6 期，第 15 ~ 18 页。

[65] 武小欣：《我国宏观收入分配结构变化对宏观经济均衡的影响分

析》，载于《中国社会科学院研究生院学报》2007 年第 5 期，第 13 ~ 19 页。

[66] 夏先德、李安东：《我国非税收入管理现状与思考》，载于《财税改革纵论：2010 财税改革论文及调研报告文集》，经济科学出版社 2010 年版。

[67] 萧然：《韩国去年人均国民收入重返 2 万美元》，载于《证券时报》2010 年 1 月 5 日。

[68] 许冰、章上峰：《中国城乡经济生产要素绩效比较研究》，载于《农业技术经济》2008 年第 1 期，第 105 ~ 109 页。

[69] 许亮：《中韩经济"五年计划"之比较分析》，载于《贵州师范大学学报（社会科学版）》2005 年第 5 期，第 61 ~ 65 页。

[70] 徐现祥、李郇：《中国省区经济差距的内生制度根源》，载于《经济学（季刊）》2005 年第 1 期，第 83 ~ 100 页。

[71] 徐现祥、舒元：《中国省区经济增长分布的演进（1978 - 1998)》，载于《经济学（季刊）》2004 年第 3 期，第 619 ~ 638 页。

[72] 薛钢：《我国宏观税负的经济分析与优化路径》，载于《中南财经政法大学学报》2011 年第 3 期，第 63 ~ 67 页。

[73] 颜鹏飞、唐铁昂：《我国居民收入分配差距研究——兼评库兹涅茨的"倒 U"理论》，载于《福建论坛·经济社会版》2002 年第 3 期，第 4 ~ 8 页。

[74] 杨俊、张宗益、李晓羽：《收入分配、人力资本与经济增长：来自中国的经验（1995 - 2003)》，载于《经济科学》2005 年第 5 期，第 5 ~ 15 页。

[75] 叶德珠：《儒家思想与高储蓄、低消费之谜——基于行为经济学的视角》，中国金融出版社 2011 年版。

[76] 尹恒、龚六堂、邹恒甫：《当代收入分配理论的新发展》，载于《经济研究》2002 年第 8 期，第 83 ~ 91 页。

[77] 喻晓东：《城乡收入差距持续扩大的原因和解决途径》，载于《农村经济》2006 年第 6 期，第 46 ~ 49 页。

[78] 袁世升:《韩国国民生产总值和人均工资收入》,载于《全球科技经济瞭望》1998 年第 5 期,第 41 ~ 44 页。

[79] 张车伟、张士斌:《中国初次收入分配格局的变动与问题——以劳动报酬占 GDP 份额为视角》,载于《中国人口科学》2010 年第 5 期,第 24 ~ 35 页。

[80] 张杰、刘志彪:《需求与我国自主创新能力的形成:基于收入分配视角》,载于《经济与管理研究》2008 年第 2 期,第 33 ~ 37 页。

[81] 张军、吴桂英、张吉鹏:《中国省际物质资本存量估算:1952 – 2000》,载于《经济研究》2004 年第 10 期,第 35 ~ 44 页。

[82] 张军、章元:《对中国资本存量 K 的再估计》,载于《经济研究》2003 年第 7 期,第 35 ~ 43 页。

[83] 张晖:《"苏州模式"的反思及区域发展道路的选择》,载于《上海经济研究》2005 年第 5 期,第 35 ~ 41 页。

[84] 张玉台:《合理调整收入分配关系》,载于《"中共中央关于制定国民经济和社会发展第十二个五年规划的建议"辅导读本》,人民出版社 2010 年版。

[85] 赵西亮:《收入不平等与经济增长关系研究综述》,载于《经济学动态》2003 年第 8 期,第 84 ~ 89 页。

[86] 钟培武:《中国经济增长过程中的产业结构与投资变动研究》,辽宁大学博士论文,2007 年。

[87] 中国人民大学经济研究所:《中国宏观经济分析与预测(2010 – 2011)》,中国人民大学出版社 2011 年版。

[88] 周天勇:《中国收入分配差距形成的深层次结构性原因》,载于《中国经济时报》2010 年 9 月 22 日。

[89] 卓勇良:《关于劳动所得比重下降和资本所得比重上升的研究》,载于《浙江社会科学》2007 年第 3 期,第 26 ~ 33 页。

[90] 周明海、肖文、姚先国:《中国经济非均衡增长和国民收入分配失衡》,载于《中国工业经济》2010 年第 6 期,第 35 ~ 45 页。

[91] 周卫峰:《中国区域经济增长收敛性研究》,中国社会科学院博

士学位论文，2005 年。

[92] Ahluwalia, M. S. Inequality, poverty and development [J]. Journal of Development Economics, 1976, Vol. 3, No. 4, pp. 307 – 342.

[93] Alesina, A. and D. Rodrik. Distributive politics and economic growth [J]. Quarterly Journal of Economics, 1994, Vol. 109, No. 2, pp. 465 – 490.

[94] Balisacan, M. and F. Nobuhiko. Growth, inequality, and politics revisited: a developing – country case [J]. Economics Letters, 2003, Vol. 79, pp. 53 – 58.

[95] Barro, R. J. Inequality and growth in a panel of countries [J]. Journal of Economic Growth, 2000, Vol. 5, No. 1, pp. 5 – 32.

[96] Bentolila, S. and G. Saint – Paul. Explaining movements in the labor share [J]. Contributions to Macroeconomics, 2003, Vol. 3, No. 1, pp. 1 – 53.

[97] Bénabou, R. Inequality and growth [J]. Chapters in: NBER Macroeconomics Annual 1996, Vol. 11, pp. 11 – 92.

[98] Benhabib, J. and A. Rustichini. Social conflict and growth [J]. Journal of Economic Growth, 1996, Vol. 1, No. 1, pp. 129 – 146.

[99] Blanchard, O. J. The medium run [J]. Brookings Papers on Economic Activity, 1997, No. 2, pp. 89 – 158.

[100] Blanchard, O. J. and L. F. Katz. What we know and do not know about the natural rate of unemployment [J]. Journal of Economic Perspectives, 1997, Vol. 11, No. 1, pp. 51 – 72.

[101] Champernowne, D. G. The distribution of income between persons [M]. Cambridge University Press, 1973.

[102] Checchi, D. Does educational achievement help to explain income inequality [M]. Chapters in A. Cornia (ed), Inequality, growth and poverty in an era of liberalization and globalization. Oxford University Press, 2004.

[103] Checchi, D. and C. García – Peñlosa. Risk and the distribution of human capital [J]. Economics Letters, 2004, Vol. 82, No. 1, pp. 53 – 61.

[104] Chenery, H. and M. Syrquin. Patterns of development: 1950 – 1970

[M]. Oxford University Press, 1975.

[105] Chow, G. C. Capital formation and economic growth in China [J]. The Quarterly Journal of Economics, 1993, Vol. 108, No. 3, pp. 809 – 842.

[106] Deininger, K. and L. Squire. New ways of looking at old issues: inequality and growth [J]. Journal of Development Economics, 1998, Vol. 57, No. 2, pp. 259 – 287.

[107] Diwan, I. Labor shares and globalization [C]. World Bank working paper, 2000.

[108] Diwan, I. and Y. Chen. When the bureaucrats move out of business: a cost – benefit assessment of labor retrenchment in China [C]. World Bank Policy Research Working Paper, 1999.

[109] Dollar, D. and A. Kraay. Growth is good for the poor [J]. Journal of Economic Growth, 2002, Vol. 7, No. 3, pp. 195 – 225.

[110] Fei, J., Ranis G. and S. Kuo. Growth with equity: the Taiwan case [M]. New York Oxford University Press, 1979.

[111] Fields G. S. and G. H. Jakubson. New evidence on Kuznets curve mimeograph [M]. Department of Economics, Cornell University, 1994.

[112] Fishman, A. and A. Simhon. The division of labor, inequality and growth [J]. Journal of Economic Growth, 2002, Vol. 7, No. 4, pp. 117 – 136.

[113] Forbes, K. J. A reassessment of the relationship between inequality and growth [J]. American Economic Review, 2000, Vol. 90, No. 4, pp. 869 – 887.

[114] Galor, O. and J. Zeira. Income distribution and macroeconomics [J]. Review of Economic Studies, 1993, Vol. 60, No. 1, pp. 35 – 52.

[115] Gollin, D. Getting income shares right [J]. Journal of Political Economy, 2002, Vol. 110, No. 2, pp. 458 – 474.

[116] Harrison A. E. Has globalization eroded labor's share? some cross-country evidence [C]. Working paper, 2002.

[117] Higgins, M. and J. Williamson. Explaining inequality the world round: Cohort size, Kuznets curve and openness [C]. Working paper, 1999.

［118］Hofman, A. A. Economic growth, factor shares and income distribution in Latin American in the twentieth century ［C］. Working paper, 2001.

［119］Jaumotte, F. and I. Tytell. How has the globalization of labor affected the labor income share in advanced countries? ［C］. Working paper, 2007.

［120］Kaldor, N. Alternative theories of distribution ［J］. The Review of Economic Studies, 1956, Vol. 23, No. 2, pp. 83 – 100.

［121］Kongsamut, P., Rebelo, S. and D. Xie. Beyond balanced growth ［J］. Review of Economic Studies, 2001, Vol. 68, No. 4, pp. 869 – 882.

［122］Kuijs, L. How will China's saving – investment balance evolve? ［C］. World Bank Policy Research Working paper, 2006.

［123］Kuznets, S. Economic growth and income inequality ［J］. American Economic Review, 1955, Vol. 45, No. 1, pp 1 – 28.

［124］Kyyrä T. and M. Maliranta. The micro – level dynamics of declining labour share: lessons from the Finnish great leap ［J］. Industrial and Corporate Change, 2008, Vol. 17, No. 6, pp. 1147 – 1172.

［125］Li, H., Squire, L. and H. Zou. Explaining international and intertemporal variations in income inequality ［J］. Economic Journal, 1998, Vol. 108, No. 446, pp. 26 – 43.

［126］Lundberg, M. and L. Squire. The simultaneous evolution of growth and inequality ［J］. Economic Journal, 2003, Vol. 113, No. 487, pp. 326 – 344.

［127］Persson, T. and G. Tabellini. Is inequality harmful for growth? ［J］. American Economic Review, 1994, Vol. 84, No. 3, pp. 600 – 621.

［128］Paukert, F. Income distribution at different levels of development: a survey of evidence ［J］. International Labour Review, 1973, Vol. 108, No. 2 – 3, pp. 97 – 125.

［129］Ravallion, M. Growth, inequality and poverty: looking beyond averages ［J］. World Development, 2001, Vol. 29, No. 11, pp. 1803 – 1815.

［130］Rodrik, D. Where has all the growth gone? external shocks, social conflict, and growth collapses ［J］. Journal of Economic Growth, 1999, Vol. 4,

No. 4, pp. 385 – 412.

[131] Milanovic, B. Determinants of cross – country income inequality: an "augmented" Kuznets' hypothesis [C]. World Bank Policy Research Working paper, 1994.

[132] Rodrik, D. Democracies pay higher wages [J]. The Quarterly Journal of Economics, 1999, Vol. 114, No. 3, pp. 707 – 738.

[133] Sen, A. On economic inequality [M]. Oxford University Press, 1973.

[134] Shastri, R. and R. Murthy. Declining share of wages in organized Indian industry (1973 ~ 1997): a Kaleckian perspective [C]. Working paper, 2005.

[135] Solow M. R. A skeptical note on the constancy of relative shares [J]. The American Economic Review, 1958, Vol. 48, No. 4, pp. 618 – 631.

[136] Tinbergen, J. Income distribution [M]. Amsterdam: North Holland, 1975.

[137] Thomas, V., Wang, Y. and X. Fan. Measuring education inequality: Gini Coefficient of education for 140 countries (1960 – 2000) [J]. Journal of Educational Planning and Administration, 2003, Vol. 17, No. 1, pp. 5 – 33.

[138] Wang, Y. and Y. Yao. Sources of China's economic growth 1952 – 1999: incorporating human capital accumulation [J]. China Economic Review, 2003, Vol. 14, No. 1, pp. 32 – 52.

[139] Wood, A. How trade hurt unskilled workers [J]. The Journal of Economic Perspectives, 1995, Vol. 9, No. 3, pp. 57 – 80.

[140] Wood, A. Openness and wage inequality in developing countries: the Latin American challenge to East Asian conventional wisdom [J]. The World Bank Economic Review, 1997, Vol. 11, No. 1, pp. 33 – 57.

[141] Young, T. One of the things we know that ain't so: why US labor's share is not relatively stable [C]. Working paper, 2006.

后 记

四年前，麓山尽染，瑰若朝霞，中国著名经济学家、财政学界泰斗陈共前辈与我促膝长谈，憧憬中国经济绚烂夺目的未来，豪情满怀，感悟良多，之后凝聚成拙作《财政政策促进经济增长：理论与实证》，于 2007 年 11 月由人民出版社出版；四年后，星辉满船，虹梦轻悬，中国社会科学院财经战略研究院院长、学部委员高培勇教授和我凭栏临风，晨昏晤言，始觉民生为本、长治久安是要，遂将感悟深心敷衍，撰写成《居民收入与国民经济协调增长：理论与实证》一书。尊师和益友分别欣然为两书作序，以资鼓励。四年于我，也是一段思想蛹化之程：从注重国富为先到突出民富为先、从偏重做大蛋糕到着意分好蛋糕、从注重效率优先到强调均等化服务，从中国经济崛起的宏大叙事到老百姓"钱袋子"的点滴感知，两者源出同宗，又殊途同归；一脉相承，又互为表里。

这是一个充盈着光明与憧憬的美好年代。迈入新世纪，中国GDP 总量已超越日本，成为全球第二大经济体，并且在老牌资本主义国家"金融危机"、"欧债危机"、"中东乱局"缠身之时，能够始终坚如磐石、岿然不动，创造"中国神话"，为世界瞩目。但是，这也是一个潜伏着浮躁和危机的年代。中国经济社会转型的量级巨大，所释放的资源与活力足以激荡天际、催衍繁荣，但

"增量"改革逐步接近尾声，社会架构重塑中利益博弈暗涌，收入阶层"极化"和"滞化"效应明显，公平、稳定、均衡增长的国民财富分配格局尚未成型。中国是否会落入拉美地区国家的"中等收入陷阱"，抑或会遭遇欧洲国家的"高福利之墙"困局？叩问着每个经济学人。

　　居民收入与国民经济协调增长，既是典型的经济学问题，也是凸显公平正义的社会学问题，更是安天下、稳民心的政治学问题，关系全局、关涉根本、关乎长远。随着刘易斯拐点来临，人口红利窗口即将关闭，经济体内部腾挪转圜的空间日益偏狭，冷热骤转的不确定性风险日益加大，未来中国能否妥善解决经济社会发展不平衡、不协调、不可持续等诸多问题，无一不牵系于居民收入与国民经济协调增长这一关键主题。基于此，中央提出了"两个提高"、"两个同步"的科学论断，即提高居民收入占国民收入的比重、提高劳动报酬在初次分配中的比重，实现居民收入与经济发展同步、劳动报酬增长与劳动生产率提高同步，各地也相继推出了"居民收入倍增计划"。居民收入与国民经济协调增长这一主题，从江湖之远到庙堂之高，从草根诉求到国家方略，从理论研究到实践探索，从价值理念到政策措施，实现了历史性的叠合，也为本书的应运而生提供了最好的时代注解。

　　居民收入与国民经济协调增长，是一个宏大的课题，跨越城市和农村、市场和政府、效率和公平等多个领域，贯通从生产、流通到分配的整个链条，涉及多个阶层、多种关联的利益群体。本书构建了一个从古典到现代、从静态到动态、从微观到宏观、从表象到根源的分析框架，对经济增长和收入理论进行了系统追溯和全面审视，并遵循"理论模型假设→实证检验和案例分析→政策设计和制度安排"的路线，揭示了经济增长与收入分配的传导路径，确定了我国居民收入分配占比的合理区间，最后结合湖南省情，提出了近期"加快追赶"、中期"收入倍增"、远期"同步协调"的"三步走"战略构想，制定了多维度、多层次、多区间的控制线和预警点体系，构建了居民收入和经济增长的动态关联和调控机制。

本书是在 2010 年湖南省哲学社会科学基金重大招标课题《促进湖南城乡居民收入与人均 GDP 增幅基本同步对策研究》（项目编号：2010ZDA11）的基础上，经过充实、完善、修改而成的，并有幸获得了第 16 届湖南省优秀社会科学学术著作出版资助。课题研究也得到了湖南省人民政府副省长李友志高级会计师的悉心指点，鼓励鞭策；课题组成员湖南大学经济与贸易学院院长张亚斌教授、吴江博士、刘江波博士及湖南省财政厅唐建华高级会计师、唐政博士、张宇蕊博士开展了大量前期研究，在此表示真挚的谢意！我国著名经济学家陈共教授、财政部财政科学研究所副所长刘尚希研究员、湖南大学副校长赖明勇教授、湖南省委政研室刘山副主任、湖南省社科规划办骆辉主任、湖南省社会科学院副院长罗波阳研究员、湖南财政经济学院副院长刘寒波教授、长沙理工大学经济与管理学院院长刘解龙教授等专家提出了许多建设性意见，在此表示衷心的感谢！我的同事钟荣华硕士、黄细兵博士和骆振心博士对书稿进行了最后的订正；《经济研究参考》杂志社社长兼总编高进水同志为本书的出版、编辑付出了辛勤的劳动，在此一并表示深深的谢意。可以说，本书其实就是集体智慧的结晶。

在中国经济社会发展的洪流中，知识分子不再蜗居于象牙塔，而是或弄潮市场经济，或参与政府决策，或为公共利益代言。我更倾向定位于：经世致用，富民强国。希望藉本书抛砖引玉，为经济增长与收入分配方面的理论与实践引来锦囊妙计，共同致力于开创更高含金量、更有人情味、更广认同度、更具持续性的发展格局。同时，需要说明的是，囿于学识、视野、资料所限，本书难免存在纰漏和不妥之处，敬请同行、专家及读者朋友不吝批评、指正！

欧阳煜

2011 年 12 月于长沙

图书在版编目（CIP）数据

居民收入与国民经济协调增长：理论与实证／欧阳煌著.
—北京：经济科学出版社，2012.3
ISBN 978 - 7 - 5141 - 1508 - 6

Ⅰ.①居…　Ⅱ.①欧…　Ⅲ.①居民收入—收入分配—
关系—国民经济增长—研究—中国　Ⅳ.①F126.2②F124

中国版本图书馆 CIP 数据核字（2012）第 010531 号

责任编辑：高进水　刘　颖
责任校对：曹　力
版式设计：代小卫
技术编辑：李　鹏

居民收入与国民经济协调增长：理论与实证
欧阳煌　著
经济科学出版社出版、发行　新华书店经销
社址：北京市海淀区阜成路甲 28 号　邮编：100142
总编部电话：88191217　发行部电话：88191540
网址：www. esp. com. cn
电子邮件：esp@ esp. com. cn
北京中科印刷有限公司印装
787×1092　16 开　15 印张　180000 字
2012 年 3 月第 1 版　2012 年 3 月第 1 次印刷
印数：0001—3100 册
ISBN 978 - 7 - 5141 - 1508 - 6　定价：36.00 元